KB140000

글로벌교육과
동아시아 평화

동아시아의 평화와 공생을 위한
글로벌교육의 구상과 논의

글로벌교육과
동아시아 평화

동아시아의 평화와 공생을 위한
글로벌교육의 구상과 논의

박성인 지음

이 책에 수록된 글들은 저자의 학위 논문 일부와 전문학술지에 게재되었던 논문을 수정하여 실은 것이다.

박성인(2011). 「일본의 소학교 학습지도요령과 수업사례에 나타난 글로벌교육 내용」. 서울교육대학교 석사학위 논문.

박성인(2017). 「전전-전후 일본 교육의 연속성: 시민교육의 맥락에서」. 『비교교육연구』. 27집 3호.

박성인(2017). 「동아시아적 차원의 시민성 교육」. 『글로벌교육연구』. 9집 1호.

이 책은 크게 5장으로 구성되어 있다.

첫 번째는 글로벌 역사인식에 관한 것이다. 이것은 지난 2022년 12월에 서울교대 인문관에서 열린 글로벌교육연구학회의 학술회의에서 '글로벌 역사인식과 동아시아 교육에의 함의'라는 제목으로 발표했던 글의 일부이다. 글로벌 역사인식의 방법론적 토대가 되는 글로벌 히스토리의 연구 경향을 정리하고 교육적 함의를 찾고자 하였다.

동아시아를 평화와 공생을 위한 하나의 시공간 단위로 상정하는 역사 내러티브를 창출하고 교육하려는 시도는 동아시아 시민들의 객관적인 역사인식 공유에 기여하고 점진적인 역사 화해 및 평화적 지역 질서 구축의 출발점이 될 수 있을 것이다.

2장부터 5장까지는 2011년부터 2017년까지 저자가 연구하며 발표한 글들을 엮어 구성하였다. 2장은 글로벌교육에 대한 내용이다. 지구 사회 전체를 하나의 시스템으로 인식하여 인류의 문화 가치와 인간 생존을 위협하는 글로벌 이슈를 상호 관련성 속에서 이해하고 이를 해결하려는 넓은 의미에서의 글로벌교육을 논의하였다.

3장과 4장은 일본의 교육에 대한 논의이다. 3장은 일본이 과거 팽창적 국가주의를 극복하고 '민주주의와 평화'를 정착시키기 위해 시행했던 전후 일본의 국가교육이 갖는 한계를 전전과의 연속성이라는 맥락에서 고찰하였다. 4장에서는 일본의 글로벌교육을 향한 노력을 기술하였다. 교육목표, 교육과정, 수업사례 등에 나타난 글로벌교육 내용을 살펴보았다. 5장은 내셔널과 글로벌의 접점이 될 수 있는 동아시아 시민교육의 방향성에 대해 논의하였다.

동아시아 시민교육은 동아시아 구성원들이 지역정체성을 가지고 동아시아 공동의 가치, 규범, 비전을 공유하고, 동아시아 사회의 평화로운 공존과 협력을 모색하는 시민적 자질을 기르기 위한 것이라 할 수 있다. 동아시아 시민교육은 내가 속한 지역, 사회, 국가의 구성원이면서, 동아시아의 문제, 동아시아 평화와 협력에 관심을 기울이는 동아시아 시민, 더 나아가 보편적 가치와 원리를 실천하는 글로벌 시민을 육성하기 위한 다층적 시민교육의 일환으로 볼 수 있을 것이다. 부족한 글이지만 책으로 출간하게 되어 기쁘게 생각한다.

석사과정 학생 때부터 지금까지 저자를 지도해주시고 학문의 세계로 이끌어주신 서울교육대학교 김용신 교수님, 오랜 박사과정 동안 아낌없는 격려와 지지로 힘을 주시고 붙들어주신 연세대학교 지역학협동과정 박명림 교수님, 따뜻한 조언 주시는 글로벌교육연구학회의 편집국장님 남호엽 교수님을 비롯하여 많은 선배님들, 동료들, 대학원 선생님들의 베풀어주신 후의와 지도에 감사드린다.

부족함 많은 아내이자 엄마이자 딸이자 며느리인 저자를 언제나 지지해주고 이해해주는 가족들에게 깊은 감사와 사랑을 전한다. 마지막으로 어려움 가운데서도 모든 발걸음을 인도해주시는 하나님께 감사를 드린다.

제3장___일본의 내셔널교육

제4장___ 일본의 글로벌교육

제5장___내셔널과 글로벌의 접점: 동아시아 시민교육

제1장

글로벌 역사인식

1. 글로벌 역사인식

글로벌화의 도래와 함께 글로벌 차원의 정치적·경제적·사회적·문화적 상호작용이 심화되고 있다. 기술의 혁신과 확산이 빠르게 나타나고 있으며, 무역, 금융 및 투자에 있어서 국가의 경계를 넘어선 상호 의존성이 심화되고 있다. 인구의 이동과 확산은 정체성의 충돌, 일자리 문제, 전염병의 확산 등 다양한 사회문제를 야기한다. 정치적 측면에서도 다양한 행위자들이 등장하고 있다. 외교, 군사안보, 식량, 보건, 환경, 경제 등 전 영역에 있어서 국제협력이 증대되고 있으며, 비정부기구의 증가, 시민사회의 촉진 등 정치 행위자들의 네트워크가 확장되고 있다.

글로벌 다문화 시대를 살아가는 역사 행위자들에게 요구되는 글로벌 역사인식은 글로벌 시각에 입각한 역사관이라 할 수 있다. 글로벌 역사인식은 갈등을 조장하는 편협한 역사 이해를 넘어 세계 전체의 움직임을 총체적으로 파악하는 데 기여할 수 있다.

글로벌 역사인식은 첫째, 전체 인류의 운명을 개인과 동일시할 수 있는 관점이라 할 수 있다. 둘째, 글로벌 역사인식의 방법론적 토대가 되는 글로벌 히스토리는 사람과 사람, 공동체와 공동체 간의 관계와 접촉, 교류, 만남, 연결의 역사에 집중한다. 셋째, 기존의 역사관이 주로 거대 담론 속의 전쟁사나 정치사, 경제사에 치중하였다면 사회사, 문화사, 여성사, 지방사 등 미시적 역사에 관심을 가진다. 더 나아가 자연, 환경, 생태사까지를 역사의 범주로 포함시키는 미래지향적인 관점이라 할 수 있다. 글로벌 역사인식은 지방적·국가적·지역적 역사를 글로벌 차원의 역사와 접촉, 연결시킴으로써 메타역사적인 관점을 형성하는 데 기여할 수 있을 것이다. 이는 미래 세대가 특수한 국가정체성과 보편적 글로벌정체성의 현실적인 관계를 보다 객관적이고 냉철하게 정립해 나가는 데 도움을 줄 수 있다. 적대적 공범관계(임지현, 2004)에 있었던 한국, 중국, 일본의 민족주의 역사학과 역사교육을 성찰하고 각국의 역사를 글로벌 관점에서 재접속시키려는 시도는 의미 있는 작업이 될 것이다.

자국 역사를 상대화, 객관화하고, 동아시아를 하나의 역사 단위로서, 글로벌 역사 속에서 파악할 수 있는 미래 세대의 인식의 공유는 글로벌 평화의 전제조건이라 할 수 있다.

(1) 서구 중심성에 대한 반성

전통적인 세계사 연구는 유럽 중심적인 시각을 발전시켜 왔다. 헤겔의 진보주의 역사관, 단계론적 역사관에 의하면 근대 이래로 세계사는 이성이 지배하는 자유 이념의 발전과정으로 이해되었다.

인류의 역사는 궁극적으로 계몽의 결과로서 보편 법칙, 즉 진보, 발전을 향해가는 과정으로 묘사되었으며, 유럽사는 그 중심에 있었고, 유럽 중심적 내러티브는 재생산되었다. 현대사회의 세계 질서는 서구 문명에 의해 정초되었으며, 그 결과 유럽사는 인류 문명을 선도하는 보편으로서 세계사의 모델이 되어왔다고 할 수 있다. 글로벌 역사인식은 서구 근대성 담론에 대한 비판적 문제의식에서 출발한다. 서구 중심의 역사 인식이 보편성의 이름으로 지금까지 역사연구에 지대한 영향력을 행사해왔음을 드러내고자 한다.

월러스틴(Wallerstein)은 『유럽적 보편주의』에서 근대 세계 체제의 역사를 유럽의 국가와 민족의 팽창의 역사로 해석한다. 자본주의 경제 건설에 필수적인 팽창은 군사적 정복, 경제적 수탈과 불법 행위를 수반했다. 서구가 팽창을 정당화하는 과정에서 문명화 과업, 경제성장과 발전, 진보의 확산을 주장하였으며 이러한 가치들은 보편적 가치로 표현되었다 (Wallerstein, 2008: 15-16). 최근까지 인류가 가진 숙명으로서 유럽적 근대성은 인류 발전에 대한 서사에 일종의 일관성을 부여하는 구성원칙이 되어왔다(아리프 딜릭, 2010: 145).

데이비드 크리스천(2010: 320)은 유럽 중심주의를 특정한 정체성을 토대로 형성된, 세계사를 바라보는 특정한 시각이라 정의한다. 다시 말해 세계의 어느 특정 지역인 유럽, 즉 서구의 정체성에 지배받는 역사와 세계를 바라보는 방식이라 보는 것이다.

하와이 대학의 벤틀리(2010: 117-130)는 역사학 연구에 영향을 끼친 유럽 중심주의를 세 종류로 구분하였다. 첫째, 단순한 유럽 중심주의, 둘째, 이데올로기적 유럽 중심주의, 셋째, 구조적 유럽 중심주의이다. 먼저 단순한 유럽 중심주의는 역사학 연구에서 전문 역사가는 유럽을 넘어선 세계에 관심을 갖지 않았음을 의미한다. 유럽과 국민국가는 더 넓은 세계의 역사에 관심이 없었다. 의도적 무지, 적극적 무관심과 더 넓은 세계와는 상대하지 않는 것을 근간으로 했다. 단순한 유럽 중심주의의 해결책은 유럽 너머 세상을 진지하게 바라보고 그들의 역사에 대한 지식을 형성해나가는 것이다.

둘째, 이데올로기적 유럽 중심주의는 헤겔, 베버, 마르크스의 영향을 받은 역사 형태이다. 역사가가 세계를 설명하는 설득력 있는 설명 틀로서, 유럽은 독특한 문화적 경향과 특성을 발전시켰으며, 그 결과 근대 발전을 독자적으로 이룩했다는 것이다. 하지만 이는 유럽식 자본주의 근대성을 정당화하기 위한 이데올로기에 불과하다. 유럽이 발전하고 서구가 부상한 것은 민족국가나 지역 단위에서 일어난 것이 아니라 대륙, 반구, 전 지구적 맥락에서 발생했다.

셋째는 구조적 유럽 중심주의로 근대적·자본주의적·제국주의적 유럽에서 연원하는 인식 지평이라 할 수 있다. 특정 관점에서 세계를 바라보도록 강제하는 틀이다. 차크라바티는 문화적·인식론적 문제에 초점을 맞추어 비판하였는데, 예컨대 그는 지적 프로젝트로서 역사연구는 유럽 근대성이라는 궤도 안에 있을 수밖에 없다고 표현한다. 대학이라는 제도권 내에서 생산되는 역사 담론 내에서 역사연구가 이루어지기 때문이었다.

근대성과 식민성의 쌍생을 지적하는 논의는 듀크 대학교 '글로벌 연구 및 인문학 센터'의 월터 미뇰로의 저작 『서구 근대성의 어두운 이면』에서도 살펴볼 수 있다. 단선적 근대성의 폐해를 지적하고 탈식민적 맥락에서 세계시민주의를 재정의하는 미뇰로(2018: 469-478)는, 16세기 국제법의 출현과 서구 중심적 세계 질서에 대해 비판한다. 문명과 야만의 이분법적 구분이 세계의 공통 인식, 사유 전통으로 자리잡게 된 것이다.

미뇰로(Mignolo)는 현대의 세계시민주의가 단선적 근대성과 양립하는 식민성을 은폐하는 언술이 되는 것을 경계하며, 이를 극복할 수 있는 대안으로서, 다양한 공생을 위한 모형으로부터 그려나가는 다원보편적 세계시민주의적 질서(미뇰로, 2018: 440)를 제시한다. 역사에 대한 직선적·통일적 서사, 위계적 체계가 아닌, 복수 보편적인 세계 질서의 생성의 필요성을 제기한다. 유럽인들의 후마니타스(humanitas)를 상대화하는, 지구적 범위의 안트로포스(anthropos)의 역사가 필요하다는 것이다.

콜롬비아 대학의 리디아 류는 『세계질서와 문명등급』이라는 저서에서 과거 수백 년간의 지식구조를 반성하고 새로운 역사의식을 탐색하는 것은 회피할 수 없는 역사가의 책임이라 밝힌다. 15세기 이래 500여 년 동안 서구의 시선으로 만들어진 세계 질서와 문명등급이 근대 지정학 형성에 매우 중요한 역할을 했다고 주장한다(2022: 12). 세계사 서술은 문명등급 담론이 반복적으로 생산되고 복제되는 중요한 글쓰기 방법 중 하나였다고 지적한다.

요컨대 전통적으로 역사연구에 있어서 서구 문명은 세계 역사의 중심이 되어왔고, 서구 문명의 상대적 우월성을 강조하고 서구의 지배를 정당화하는 역사 서술은 역사교육에도 반영되어 왔다. 하지만 최근 많은 역사가들은 중심과 주변, 서구와 비서구, 보편과 특수를 양분해온 역사 서술을 반성하고, 다원보편적인, 다중심적인, 다문화적인 역사연구가 필요하다는 데 의견을 모으고 있다.

(2) 민족주의 역사관에 대한 성찰

한 사회의 근본을 이루고 있는 문화와 전통을 계승하고, 과거에 일어났던 큰 사건들에 대한 인식을 공유하는 것은 그 공동체에 정체성을 부여해준다. 시민들은 생활방식, 사고방식을 포함한 문화를 공유하며 정체성을 형성하고, 정체성은 공동체의 독립과 연속성을 지켜준다.

역사를 사실로서의 역사, 역사가에 의한 기록으로서 역사로 구분해본다면, 교육을 통해 학습자들이 공통의 이해를 갖게 되는 역사는 역사가에 의해 기록되고 번역된 역사일 수밖에 없다. 역사학과 역사교육은 공동체에 정체성을 부여하는 계몽적 역할을 해왔다.

19세기 전문역사가들은 적합한 역사연구 대상의 규모에 관습화되었다. 과학적 역사연구 방법론은 수년 혹은 수십 년의 기간을 시간적 규모로 관습화하고, 민족국가의 지리적 영역을 자연스럽게 공간적 규모로 규정하고 있다(조지형, 2007). 근대교육제도는 국민들이 공동체의 역사를 학습하게 함으로써 공동체의 운명과 자신의 운명을 일치시키고 국가정체성과 민족정체성을 함양하는 데 기여해왔다.

역사가는 오랫동안 민족의 대의명분을 뒷받침하고 국민 정체성을 확립하는 데 나름대로의 역할을 해왔다. 역사가는 국민의 탄생에 기여하는 태생적 의무를 수행하는 위상에 놓여 있었다. 민족의 과거를 탐구하여 전통을 발견하고, 발명하고,

심지어는 정치적 도구로 활용되기도 했다(차하순, 2007).

역사교육은 근대 국민국가의 범위에서 다루어지는 것이 일반적이다. 역사교육에 영향을 미친 근대 역사학은 국민국가와 영토를 절대적 척도로 인식해왔다. 영토 중심의 공간 이해는 탈영토화가 진행되고 다양한 정체성과 가치가 공존하는 사회에서 여러 가지 문제를 야기할 수 있다. 자국 중심적인 역사관은 다른 지역의 역사 행위자를 상호 공존과 대화, 협력의 상대로 인식할 수 없게 한다. 중국 강역 내 발생한 모든 과거사는 중국사임을 주장하는 동북공정이나, 일본의 우익 세력의 역사수정주의 움직임은 이웃 국가를 전혀 고려하지 않은 자국 중심적 역사연구의 단적인 사례라 볼 수 있다.

자국 중심적인 역사관은 자국사와 세계사의 이원화를 야기한다. 일국사와 세계사의 분리적 접근방식이 사용된다. 예컨대 민족주의 역사학자들은 자국사 해석에 있어서 내인론에 중점을 둔다. 한국사의 고유성을 내세워, 세계사의 발전 법칙에 비교할 수 없는 특수성을 가지고 있다고 보는 것이다. 내재적 발전론에 입각한 한국사 서술은 민족의 자긍심을 높이고, 한국사회의 자본주의적 발전에 일조한 것이 사실이나, 외부적 요인을 도외시하고 내부적 추동력으로만 역사를 설명하려 한다.

식민주의 사관의 반작용으로서 지나치게 민족 중심적이고, 타국을 적으로 묘사한다. 세계사와 분리될 수밖에 없는 자국사 인식인 것이다. 한편 세계사 서술은 주로 구미 학자들의 번역에 의존하여, 유럽 중심의 시각에서 근대적 문명등급론의 관점이 작동한다.

식민지 근대화론은 동아시아 경제 발전의 배경을 설명함에 있어서 서구 근대성의 수용과 이식, 식민지배를 통한 발전을 옹호한다. 역사발전을 자본주의 경제성장으로 찾는 것이다. 탈식민화 이후에도 근대적 사유는 관념적으로 지속되고 있다.

최근에는 이러한 역사학계의 이원화 경향을 비판하고, 국가별 역사와 세계사를 구분하지 않고 자국의 역사를 세계사적 범위에서 인식하려는 노력이 나타나고 있다. 또한 분과학문체제의 정통성, 보수성을 넘어서려는 시도 역시 나타나고 있다. 학문의 경계가 높을수록 고도로 전문화되었다고 평가되지만 분과학문의 좁은 렌즈를 통해서 글로벌 세계를 총체적으로 조망하는 데는 한계가 있다.

역사교육은 우리를 위한 역사와 타자를 이해하기 위한 역사로 분리되어 이원화되어 왔다. 서구 근대성 담론의 구조 안에서 일국사와 세계사의 이원화는 불가피했다. 최근에는 이러한 지식 구조 자체에 대한 반성이 나타나고 있다. 최근 역사학계에서는 보다 넓은 시야의 상호 중첩적인 층위 속에서, 자국사와 세계사를 접합시키고 총체적인 역사를 이해하려는 시도가 나타나고 있다.

2. 글로벌 히스토리의 연구

글로벌 역사인식에 대한 중요성이 강조되며, 전 세계적으로 다양한 차원의 글로벌 히스토리의 연구가 나타나고 있다. 미국에서는 이미 1960년대부터 역동적인 상호 교류와 인류의 경험을 강조하는 세계사 연구가 진행되었다. 최근에는 이러한 원리를 발전시켜 연구주제와 방법을 재정립하여 글로벌 히스토리를 역사연구의 하나의 분과로서 확립시키려는 연구자들이 증가하고 있다(강선주, 2002: 55-56).

글로벌 히스토리는 학자에 따라서 그 용어 자체와 범주, 내용이 다르게 나타나고 있다. 국내에서는 '새로운 세계사'로 번역되기도 하고, 보편사, 거대사, 지구사 등으로 표현되기도 하지만, 이 글에서는 '글로벌 히스토리'라는 용어를 사용하고자 한다.

(1) 문화 접촉과 교류의 역사

글로벌 히스토리는 만남, 접촉, 연결, 상호작용의 역사이다. 인류의 역사를 부단한 상호작용, 접촉과 교류의 측면에서 바라보는 것이다. 문명과 문명, 지역과 지역은 상호작용하며 새로운 기술이나 지식을 배우며 서로의 생활양식, 문화를 변화시켜 왔다. 한 지역의 사상과 종교, 지식과 기술, 문화, 발명품 등은 다른 지역으로 확산되었다. 교역로를 통해 지식, 기술, 문화, 발명품 등이 다른 지역으로 전해지고, 각 지역의 사정에 맞는 형태로 변형, 재창조되었다. 공동체의 문화적 접촉과 상호작용은 여러 형태로 나타났다.

아날학파의 페르낭 브로델은『지중해』에서 16세기 지중해라는 공간을 조명하여 지중해의 인간, 사건, 사물, 경제, 사회 등을 총체적으로 아우르는 전체사를 구현하였다. 그는 세계 문명들의 역사는 결국 몇 세기에 걸쳐 지속된 상호 차용(mutual borrowings)의 역사라 표현한다. "살아 있는 문명이라면, 줄 수 있으면서, 동시에 받을 수도, 빌릴 수도 있어야 한다. 빌린다는 것은 쉬운 일이 아니다. … 그런데 대문명은 차용하기를 거부하거나 추종하기를 꺼리기도 하고 … 선택함으로써 저력을 보여주기도 한다"(브로델, 2017: 524-525). 세계의 여러 문명, 문화 집단들은 일방적인 흐름의 전파가 아닌 문화적 교환, 차용, 선택, 거부를 통해 공동체를 발전시켜 왔다.

문명권을 중심으로 하는 연구는 윌리엄 맥닐의 연구가 대표적이다. 맥닐은 문명 간의 만남에 주목하며, 다양한 문화를 가진 사람들 사이의 상호작용을 역사발전의 동력으로 간주한다. 맥닐(2007: 47-49)은 인류가 출현한 뒤로 다른 생활방식에 의해 구분될 수 있는 무수한 인간사회가 인류의 역사를 통해 명멸해왔다고 설명한다. 어느 시대에나 인간이 이례적으로 매력적이고 강력한 문명을 만드는 데 성공했을 경우, 여러 문화 사이의 균형은 그 문명의 중심부가 발산하는 힘에 의해 무너지는 경향이 있다. 그 문명에 인접한 지역 주민들은 자발적으로 혹은 어쩔 수 없이 자기 고유한 생활방식을 바꾸게 되는데, 기술과 사상을 차용하는 경우도 있지만 그보다는 자기 지역 사정에 맞게 문물을 변용하는 경우가 많다고 보았다. 서로 다른 문명 간의 지리적 배경이나 접촉 경로가 대단히 중요하며, 인류의 역사를 총체적으로 조망하는 것은 가치 있는 작업이라고 강조한다.

제리 벤틀리(2006)는 교차문화적 상호작용(cross-cultural interaction)을 강조한다. 콜럼버스의 신대륙 발견으로 세계 각 지역이 상호 간 영구적 접촉과 발전을 이룩할 수 있었고, 교차문화적 상호작용이 지구상 모든 사람의 경험에 깊이 영향을 미쳤다고 평가한다. 또한 그는 인류의 역사에서 교차문화적 접촉은 인간이 지구상에 존재하기 시작한 이래, 즉 인류사의 초기단계부터 세계사의 규칙적인 양상으로 존재했다고 보았다. 규칙적인 지역 내의 교차문화적 상호작용은 특히 대량 이동, 제국적 팽창, 원거리 무역의 세 가지 요소가 사회의 경계와 문화적 지역을 넘어 중요한 영향을 미쳤다고 설명한다.

이슬람 역사가 호지슨(2006) 역시 아프로-유라시아 세계(Afro-Eurasian ecumene)라는 하나의 거대한 역사복합체의 맥락에서 문명 사이의 상호작용과 간지역적인 발달에 주목한다. 호지슨에 의하면 아프로-유라시아 사회는 농경이 시작된 이래로 산업혁명까지 지역을 초월하며 성장하면서 존재했다고 가정되는 거대 사회였다. 거대 문명들은 다양하고 개방적인 조건 속에서 나타났으며 뚜렷한 경계선을 갖지 않았다. 지리적 경계가 없는 역사적 삶의 연속 스펙트럼 위에 존재하는 지역 간 교류의 장이었다.

아리프 딜릭(2010: 138)은 방법론으로서 세계사는 지역에서부터 전 지구에 이르기까지 모든 영역 사이의 상호작용에 주목해야 한다고 보았다. 세계를 구성하고 재구성하는 데 기능하는 인간의 상호작용에 주목해야 하는데, 이는 다양한 공간적·시간적 지평과 경험으로부터 다양한 역사를 창조한다.

국가와 문명권이 지닌 유산을 해체하여 지역 간 상호작용을 살펴보는 것은 유럽 중심주의를 피하고 다른 중심주의에 빠지는 것을 막을 수 있게 해준다. 각 사회의 특징적 요소를 감안하는 동시에, 특징적 요소의 근원을 각 사회의 고립된 역사적 목적론에서 찾는 대신 복합적으로 결정된 지역/세계(ecumene)에서 찾을 수 있다. 각 사회는 전 지구적·대륙적·지역적·지방적 상호작용으로 나타난 특정한 산물을 갖는 것으로 묘사된다(아리프 딜릭, 2010: 150-151).

요컨대 문화 접촉과 교류의 관점에서 글로벌 히스토리는 다양한 층위에서 공동체 사이의 상호작용과 교류 관계에 집중한다. 문화를 본질적인 것으로 파악하지 않고, 창조와 재창조의 연속의 과정 속에서 파악한다. 문화는 일방적인 흐름으로 전파되기보다는 교환과 차용, 선택과 거부의 과정을 통해 영향을 주고받으며, 그러한 상호작용 속에서 공동체가 발전해온 것이다. 이러한 시각에서 간지역적 접근, 초지역적 접근, 반구 이론 등이 제시된다.

(2) 경험적 글로벌화의 역사

오늘날 인류는 글로벌화를 일상에서 경험할 수 있게 되었다. 개별 주체들이 인식하고 경험할 수 있는 역사의 시공간적 범주가 과거와는 질적으로 현저히 달라진 것이다. 오늘날의 시점에서 인간이 거주 사실을 경험적으로 인지하는 공간은 지구 전체, 행성 전체가 되며, 세계사는 글로벌 히스토리와 동일시된다. 글로벌화의 역사라는 관점에서 역사 행위자는 초국적 단체, 거버넌스 조직, 기구, 제도, 기업, 네트워크가 포함된다.

역사 행위자의 공간 영역을 지방-민족국가-지역-반구-지구로 구분한다면, 근대 역사학 주요 연구 대상은 민족국가였다. 글로벌 히스토리는 문명, 문명권, 반구, 지구 전체를 망라하는 범주를 가지게 되었다(조지형, 2007).

MIT의 브루스 매즐리쉬(Mazlish, 2006: 113)는 글로벌화가 가진 보편적 성격을 강조하며, 글로벌화의 역사 그 자체를 연구 과제로 삼는다. 그는 최근 지구화의 전개로 나타난 새로운 역사 행위자들에 관심을 갖는다. 프랑스 혁명이 민족국가가 주체가 되는 근대성의 세계를 열었다면, 글로벌 혁명은 인류의 세상을 열었다고 평가한다.

매즐리쉬(Mazlish, 2006: 91)는 인류가 한층 더 보편적인 사회, 즉 특수한 집단이나 민족이 아닌 인류와 이해관계가 동일시되는 글로벌 사회로 향하면서, 더 높은 차원의 도덕성이 실현될 수 있다고 낙관하였다.

하버드 대학에서 출판한『1945년 이후 서로 의존하는 세계』는 세계대전 이후 정치, 경제, 문화의 글로벌화의 역사를 다루고 있다. 다양한 초국가적 공동체가 등장하는 오늘날 인종과 민족, 종교와 문화, 국민국가와 지역의 경계를 넘어 다원적이고 상호 의존적인 세계를 그려내고 있다.

특히 5부 '초국적 세계의 형성'에서 이리에 아키라는 세계의 정치, 경제, 환경, 문화에 관련된 상황이 심대한 변화를 겪으며 초국가적 연계에 관한 의식이 어떻게 발전했는지에 집중한다. 초국적 접촉 및 활동, 초국적 사고 등 몇 가지 주제에 중점을 두고 세계의 초국화를 추적하고, 초국적 세계 발전이 어떻게 진행되었는지를 추적하며 다양한 사례들을 제시한다.

이리에 아키라(2018: 723-735)는 1945년 이후 나타난 몇 가지 추세와 특징을 다음과 같이 제시한다. 초국적 접촉과 활동은 종교와 사상을 공유하고 확산시키려는 시도로 나타났고, 초국적 종교나 이념 활동은 공동 목표를 추구하고자 유엔 같은 정부 간 기구와 협력하며 다양한 배경과 맥락 속에서 꾸준히 확대되었다. 특히 언어는 초국적 관계망을 조성하는 중요한 수단 중 하나로, 초국적 독자와 청중의 증가는 초국화의 진전을 나타내는 중요한 지표로 간주될 수 있다.

초국적 의식은 문학이라든지, 음악과 같은 예술 영역에서 나타난다. 초국적 사고, 초국적 의식은 사람들이 국경을 넘어 연결되어 있고 궁극적으로는 인류애를 나누고 있다는 의식, 다양한 정체성에 상관없이 서로 소통할 수 있다는 믿음이다.

이리에 아키라는 트랜스내셔널 기억을 공유하는 역사연구의 근본적인 방법론에 대해 언급하며, 참혹한 전쟁에서부터 문화적 성취에 이르기까지 초국적인 '기억을 공유하는 공동체'로서 유럽의 사례를 제시한다. 나아가 궁극적으로 전 세계가 공유하는 기억, 인류 공통의 유산에 대한 질문을 던진다. 모든 사람이 기억을 공유하는 공동체의 구성원이라 생각할 수 있는, 전 세계가 함께 나눈 발전에 초점을 맞추는 전 지구적인 세계사, 글로벌 히스토리의 가능성을 낙관한다.

글로벌 히스토리는 글로벌리티의 요소들에 보다 접근하는 글로벌 시대의 역사 서사를 지향한다(김원수, 2007: 271). 경험적 글로벌화의 역사로서 글로벌 히스토리는 글로벌화의 전개로 나타나는 다양한 층위의 역사 행위자들에 주목한다. 국경을 초월하는 현상과 공통의 관심사에 대해, 전 인류의 관점에서 역사의 진행을 이해하려는 시도라 할 수 있다.

(3) 지구 행성의 역사

행성의 역사로서 글로벌 히스토리는 인간과 자연의 상호성, 교호성의 차원을 강조한다. 그동안 자연을 타자화하는 인간 중심적 관점을 극복하고, 지구 시스템을 하나의 총체로서 인식하고자 하는 것이다. 디페시 차크라바르티(Chakrabarty, 2009)는 기후변화라는 지구의 위기를 인간이 유발했다는 관점으로부터 자연사와 인류사를 구분하는 오랜 인문학 전통을 비판한다.

계몽주의 이래로 자유에 대한 어떠한 논의에서도 인간이 자유를 획득하는 과정이 지질학적 행위자가 되는 과정이라는 자각이 들어서지 못했다고 보고, 인류세(Anthropocene) 위기 시대의 지질학적 힘으로써 인류의 역사를 연구해야 한다고 역설한다(Chakrabarty, 2009: 208).

거대사를 주창한 데이비드 크리스천(2010: 341)은 인류세라는 새로운 지질 연대에 들어서면서, 전 지구상 인류는 생물권에서 발생하는 변화에서 주된 행위자가 되었으며, 인류세 개념이 역사가에게 '근대성'을 대체하는 명백한 대안이 되어야 한다고 주장한다. 거대사의 관점으로 보면, 역사의 시간적 범주가 무한히 확장된다.

우주적 관점에서 호모 사피엔스 사피엔스의 출현(10만 년), 인류의 출현(20만 년), 지구 행성의 출현(46억 년)을 넘어 빅뱅(137억 년)까지 거슬러 올라감을 주장하는 학자들이 있다.

거대사 연구를 위해서는 인류학, 지질학, 지구과학, 천문학 등 다른 학문 분야의 도움과 협력이 요구된다. 인간 중심 역사를 상대화하고, 역사에 있어서 자연(질병, 기후, 물질, 생태계, 행성으로서 지구)의 정당한 위치와 지위를 찾아주려 시도하는 거대사 연구는 자연과 인간 사이의 정의 내지 균형을 복원하려는 시도라 볼 수 있다(조지형, 2007).

매쿼리 대학교의 '거대사 연구소'는 분과학문이 경계를 넘나들며 다양한 문제를 탐구하고 새로운 문제 접근방식을 발견하려는 연구를 시도하고 있다. 우주, 지구, 생명 그리고 인류의 역사의 통합적이고 학제적인 연구와 교육을 증진하기 위해 국제거대사학회(IBHA)를 설립하였다.[1] 이들은 인류의 역사를 넘어, 지구 행성의 역사(46억 년), 혹은 빅뱅부터 오늘날까지의 거대사(137억 년)를 탐구하는데, '행성으로서 지구', 하나의 생물권에 대한 인류의 출현과 과정의 영향과 그 역할에 주목한다. 거대사 안에서 우주 안에서 인간의 위치, 인류 역사의 우주적 본질을 탐구하려 시도한다(조지형, 2007).

지구 행성적 관점의 글로벌 히스토리 접근은 우주와 지구, 인류의 이야기를 함께 엮어 자연과 인간과 과학의 역사를 다루고자 한다. 광대한 역사 속에서 인간의 역할과 영향에 관련

---

1) In order to promote the unified and interdisciplinary study and teaching of the history of Cosmos, Earth, Life, and Humanity, the International Big History Association (IBHA) was founded(https://www.ibhanet.org/page-1252419/).

된 질문을 제기한다는 점, 그리고 역사교육을 통해서 이러한 행성적 관점을 추구하고자 시도한다는 점에서 의미가 있다.

3. 글로벌 역사인식과 동아시아 지역

동아시아 지역에서는 개별 주체의 역사 인식의 틀이나 동기 구조가 국가라는 특수성에 경도되어 있다고 할 수 있다. 구별 짓기의 역사 서술은 타국과의 대화 자체를 불가능하게 한다. 중국의 동북공정 역시 중국 중심의 영토관과 민족관을 보여준다. 전통적인 화이사상은 중화와 오랑캐를 철저하게 구분해왔으나, 현재는 중국 강역 내 발생한 모든 과거사를 중국사로 포함시키려는 연구를 국가적으로 진행하고 있다.

전통시대의 천하관이나, 신중국 건설 이후의 영토관이나 민족관 역시, 중국에 유리하게 역사를 해석하기 위한 논리로서 객관성이나 보편성이 결여되어 주변국과 마찰을 일으킬 수 있는 자국 중심적인 역사 인식의 사례라 할 수 있다.

동아시아 지역을 하나의 역사 단위로 사유하려는 노력은 동아시아 지역의 강한 국가주의의 틀을 극복하고 평화의 공동체로 나아갈 수 있는 하나의 방법이 될 수 있으나 현실적으로 많은 어려움이 있는 것이 사실이다. 동아시아 지역은 근대 이후, 서구에 의해 스스로를 타자화, 상대화하며, 서구와 대비되는 집합적 정체성을 형성하고자 시도해왔다.

예컨대, 공동체주의, 권위에 대한 존중, 일당 지배, 강한 국가 등이 '아시아 민주주의'의 특징으로 여겨졌다(김영명, 2000: 324). 하지만 근대 서구가 동양을 타자화해 자신의 정체성을 구성하는 과정에서 타자화된 동양을 미개로 간주했던 것이 폭력적 행위였던 것과 마찬가지로, 서구를 타자화함으로써 동양적 정체성을 구성하는 것 역시 위험한 시도라 할 수 있다(나종석 외, 2009: 211).

동아시아 지역이 평화와 공생의 지역공동체로 나아가기 위해서는 서구 중심적 관점, 본질주의적인 민족주의를 극복하고 동아시아 지역을 하나의 단위로 사유할 수 있는 역사 인식이 필요하다. 동아시아 지역 구성원이 상호 이해와 대화를 통해 동의하고 공유할 수 있는 역사 인식이다. 동아시아 세계를 하나의 공동체로 인식할 수 있는 역사 내러티브는 과거의 고통을 함께 짊어지고 책임을 공유할 수 있는 동아시아 시민을 위한 교육 내용이 될 수 있다.

유럽의 경험은 동아시아 지역에 많은 시사점을 줄 수 있다. 한운석(2015: 230)은 아시아적 정체성을 만들어나가기 위해 동아시아로 범위를 좁혀 공통의 문화적 전통을 모색할 필요가 있다고 주장한다. 한자 문화, 유교와 불교 등을 중심으로 한반도, 중국, 일본과 베트남에서 공통성과 특이성을 비교사적으로 살피고, 제국주의 시대 외부의 위협과 도전에 어떻게 응전했는지, 전후 아시아 냉전체제의 형성과 발전 등

차후 역사발전에 어떻게 서로 다른 영향을 미쳤는지를 검토
해볼 것을 제시한다.

동아시아의 역사적 전통을 어느 정도 세우고, 점차 지역
범위를 넓혀 문화 및 경제교류로 시야를 넓힐 것을 제시한
다. 동아시아 역사 단위의 연구, 상호 이해와 공통의 인식은
점진적 화해로 이어질 수 있을 것이다. 동아시아의 서로 다
른 사회문화적 공동체들의 상호작용, 물자와 문화의 교류와
접촉, 연결에 주목한다는 점에서 동아시아 지역 단위의 역사
연구에 있어서 글로벌 히스토리는 방법론적인 함의가 있다.

초국가적, 초문화적(transcultural), 통문화적(cross-cultural)
주제에 논점을 맞추고, 상호 관련성과 비교, 이전, 이식, 조우,
접촉과 같은 개념을 중시하는 글로벌 히스토리는 상호 관련과
비교의 방법을 통한 다극적(multi-polar), 다원적·광각적·광
역적 접근을 지향한다(김원수, 2007: 277-286).

기존의 비교사와 국제관계사의 경계를 넘어 양자가 새롭게
결합되고 접속된 방법론을 제시하는 글로벌 히스토리는 동아
시아 지역 단위의 역사연구에 있어서 중요한 접근 방법이 될
수 있다. 글로벌 역사인식은 지방적·국가적·지역적 역사를
글로벌 차원의 역사와 접촉, 연결시킴으로써 메타역사적인
관점을 형성하는 데 기여할 수 있을 것이다.

글로벌 역사인식은 글로벌 시각에 입각한 역사관이라 할
수 있다. 글로벌화로 인한 시공간의 변화의 결과로 나타난

역사 인식이다. 자국 중심적이고 편협한 역사 이해를 넘어서 하나의 시스템으로서 글로벌 세계를 인식하고 상호 연결성에 초점을 맞추어 세계의 변화를 폭넓은 관점에서 이해하려는 역사 인식이다. 나아가 인류공동체의 운명과 개인의 운명을 동일시하며, 인류의 터전이 되는 지구 행성의 역사, 즉 자연, 환경, 생태사까지를 역사의 범주로 포함시키는 미래지향적인 관점이라 할 수 있다.

글로벌 역사인식이 동아시아 지역에서 중요한 이유는 다음과 같다. 첫째, 글로벌 역사인식은 서구 중심성을 극복하는 동아시아 역사 내러티브를 구성하는 데 기여할 수 있다. 근대 이후 역사 담론은 주로 서구 문명의 흐름을 부각시키는 작업이었다. 고대 그리스부터 로마, 중세 기독교 사회, 르네상스, 종교개혁, 지리상의 발견과 식민주의, 계몽사상과 시민혁명, 산업혁명, 제국주의에 이르기까지 유럽의 역사를 세계사로 다뤄온 것이다.

이제는 보편이었던 서구를 상대화하며, 오리엔탈리즘을 넘어서는 다원 보편적인 글로벌 역사인식이 요구되고 있다. 동아시아 지역을 하나의 단위로 하는 인식의 함양은 동아시아 시민들의 지역정체성의 형성, 시민들의 결속 및 협력, 평화질서의 구축으로 이어질 수 있다.

둘째, 글로벌 역사인식은 동아시아 시민들의 민족주의 정서를 극복하고 역사 갈등을 완화하는 데 도움이 될 수 있다.

국가 중심적인 인식 구조를 형성하는 데 기여해온 강한 민족 단위의 역사 담론이나 역사 교육의 경향은, 동아시아 지역 인식의 결락과 역사 갈등으로 나타났다. 지금도 한-중 간의 고대사 논쟁이나, 한-일 간의 역사교과서 갈등은 해결되지 않고 더욱 격화되고 있다.

자국의 역사와 동아시아의 역사를 글로벌 관점에서 재구성하려는 시도와 교육적 노력은 동아시아의 역사 화해 및 평화 질서의 형성에 기여할 수 있을 것이다.

다음으로 동아시아 교육에 글로벌 히스토리의 관점을 방법론적으로 적용하면 다음과 같은 시사점을 얻을 수 있다.

첫째, 동아시아 지역을 하나의 역사 단위로 하여 동아시아의 역동적인 상호작용에 주목할 수 있다. 글로벌 히스토리는 역사 서술에 있어서 문화적 접촉과 교류에 주목하며, 반구와 같은 거대한 역사 단위를 상정한다. 국가의 경계를 넘어 동아시아의 상호 교류에서 형성되는 의미 있는 역사적 경험들을 교육 내용으로 발굴하여, 각종 문물이나 지식, 기술, 제도, 사상의 흐름이나 교환, 접촉, 번역, 변형 등을 문화사적·비교사적 방법으로 다룰 수 있다.

둘째, 글로벌리티를 키워드로 동아시아의 트랜스내셔널 현상과 다양한 역사 행위자에 주목할 수 있다. 동아시아 지역을 범주로 글로벌화로 인한 구조적 변화의 과정이나, 각종 글로벌 이슈와 이를 해결하기 위한 초국가적 행위자들의 연대와 협력의 경험을 교육 내용으로 다룰 수 있다. 학습자들은 다양한 시간적·공간적 지평으로부터의 글로벌 경험, 특히 글로벌화로 인한 동아시아의 경제적·문화적 상호작용과 그 영향력을 파악할 수 있을 것이다.

셋째, 동아시아 지역 범위에서 지구 행성적 관점을 다루는 것이다. 환경사, 생태사의 측면에서 의미 있는 동아시아의 역사적 현상들, 사건들을 교육 내용으로 비중 있게 다룰 수 있다. 예를 들면, 기후위기나 전염병에 대처하기 위한 동아시아 차원의 노력이라든지, 지역의 시급한 환경문제와 이를 해결하기 위한 다양한 행위자들의 노력을 조명할 수 있다. 지구 행성의 거대한 역사 속에서 동아시아의 역할과 영향에 대한 질문을 제기해볼 수 있을 것이다.

제2장

글로벌교육

1. 글로벌 상호작용의 심화

글로벌화(globalization)[1]는 경제, 정치, 문화, 환경 모두가 하나의 지구적인 울타리 내로 동질화되어가는 현상을 지칭한다.[2] 각종 통신 기술의 발달, 지구적 기업의 활동, 보편 문화의 확산 등으로 인해 지구의 시공간은 하나로 압착이 되고[3], 이러한 현상들은 영토를 중심으로 하는 근대 국민 국가의 경계를 허물고 지구촌의 통합을 촉진시키게 되었다. 국제화는 국가들이 분명히 구획된 경계를 갖는 개별적 민족 단위로 남아있다는 가정에 기반을 둔다면 글로벌화는 국제와 국내의 구분이 붕괴되고 해체되는 과정을 의미한다고 볼 수 있다.

Ramesh Mishra(2002)는 '위로부터 세계화'에서 '아래로부

---

1) 글로벌화(globalization)은 세계화로 번역되어 혼용되기도 하지만, 세계화는 경제적 측면을 일컫는 뉘앙스가 강하므로, 시공간의 압축의 전지구적인 통합을 의미하는 글로벌화를 사용하고 싶다.

2) '지구화'의 의미와 본질, 조명래

3) Harvey(1989)는 글로벌화를 시간과 공간의 압축으로 표현한 바 있다. Scholte(2000)는 글로벌화를 탈영토화, 또는 사람들 사이의 초영토적 관계의 증가라고 주장하였다.

터 세계화'4)로, '우로부터 세계화'에서 '좌로부터 세계화'로 나아가야 한다고 주장한바 있다. 위로부터의 세계화가 경제적 측면의 세계화라면 아래로부터의 세계화는 글로벌시민사회가 지향하는 '글로벌화'와 보다 근접해 있다고 할 수 있겠다. 그는 세계화에 맞선 사회적 대응은 국민 국가 수준과 초국적 수준 모두에서 이루어져야 한다고 주장한다.

Giddens(1998)5)는 글로벌화는 개인을 국민국가의 권력에서 벗어나게 하고 개인과 지방의 정체성을 다시 일깨우는 새로운 가능성을 창출한다고 주장하며 글로벌화를 하나의 지향점으로 파악했다. 글로벌화는 지역 문화 의식과 주권을 활성화하는 계기가 되며, 우리는 폐쇄적 민족주의나 자민족 중심주의 대신 다원적 세계, 바람직한 세계 공동체를 지향해야 한다고 주장한다.

Roberstone(1990)은 글로벌화는 공간적으로 세계가 하나의 장소가 되는 과정을 취하고 내용적으로는 지구적 의식(the consciousness of the globe)을 획득하는 것을 의미한다고 주장한다. 로버스톤은 글로벌화로의 역사적 이행, 즉 진정한 의미의 글로벌화는 최근에 와서야 가능해졌다고 주장한다. 지구적 의식(생태환경, 건강, 인간주의적 관심)의 고조화, 지구적

---

4) Jeremy Brecher et al(2002)에 의하면 위로부터의 세계화는 정치엘리트나 초국가기업, 국제경제기구에 의한 것이고, 아래로부터의 세계화는 NGO나 시민에 의한 세계화이다. 위로부터의 세계화는 신자유주의 이념과 정책, 국가역할 축소와 탈규제, 국제 교역과 국제 금융 거래 등에 관심을 가지고, 아래로부터의 세계화는 반WTO, 반신자유주의, 반핵, 반전, 평화, 인권, 교육, 의료, 시민 연대 등에 관심을 갖는다.

5) 기든스는 글로벌화는 특정 지방에서 발생한 일들이 수 마일 떨어진 장소에서 발생한 사건들에 의해 영향을 받는 것과 같은 방식으로 멀리 떨어져 있는 지방들을 연계하는 세계적 사회 관계의 증대라고 표현하였다.

조직이나 운동의 증가, 문화 다양성, 다인종성 등이 개인의 정체성을 복잡하게 만들기 시작했다고 주장한다.

David Held(2006)는 글로벌화의 본질과 영향을 규명하며 오늘날 부각되는 글로벌 이슈를 크게 세 가지로 분류하였다. 첫째, 지구온난화, 종다양성, 생태계, 물 부족과 같은 지구 생태학적 문제와, 둘째, 가난, 분쟁 예방, 감염 질병 등과 같은 인간성 유지와 직결된 문제, 셋째, 핵 증식, 독극물 처리, 지적 재산권, 유전 연구 규칙, 금융 및 세금 규칙 등과 관련된 규칙서(rulebook)가 필요한 문제이다. 그는 이러한 지구적 문제는 단일 국가 수준에서 해결될 수 없으며 집합적이고 협력적인 조치가 필요하다고 주장하며 정의와 민주를 기초로 한 글로벌 거버넌스 모델을 구축할 것을 제안한다.

이처럼 지구적 상호작용의 범위와 심도, 속도가 증가하면서 지역적, 지구적 연결망은 더욱 탄탄해지고, 공유된 사회적 공간을 단일한 범주의 상호작용 체계, 문화적 실체로 인식하는 것을 가능하게 해준다. 글로벌화는 멀리 떨어져 있는 공동체를 연결시키는 인간 사회 조직의 시공간적 규모의 근본적 변용을 초래하는 역사적 과정으로 개념화 될 수 있다[6].

글로벌 상호 의존 관계가 심화되고 있는 오늘날 글로벌화에 대한 논쟁은 더 이상 피할 수 없는 과제이다. 냉전 이래로 개별국가로서 해결할 수 없는 각종 글로벌 이슈들이 충돌하고 있다. 빈곤, 인권, 성, 인종 대립 등 인간과 직접 관련된 문제

---

6) 존 베일리스 외(2009:28-46).

들과 함께 지구 온난화, 천연자원, 식량, 에너지, 전염병 등 환경과 관련된 문제들도 축적되어 혼란을 야기하고 있다.

이러한 글로벌 이슈는 개별 국가의 문제가 아니라 인류 공동의 문제이다. '내 나라'와 '남의 나라'를 대립적이고 경쟁적 관계로 바라봐서는 결코 해결할 수가 없다. 또한 국가 간의 협조 체제를 강조한다 하더라도 자국의 이익과 힘을 획득하기 위한 과정이 될 수 있다는 점에서 문제 해결의 근본적인 방식이 되지 못한다는 한계가 있어 새로운 대안의 모색이 필요하게 되었다. 전 지구에 걸쳐 모든 사람이 영향을 주고받으며 글로벌시스템 안에 살아가면서 국민 국가의 관점으로는 해결할 수 없는 문제들로 위협을 받고 있다는 현실에 뿌리를 두고 글로벌교육에 대한 인식이 확산되었다.

2. 글로벌 사회의 정체성

글로벌 사회의 도래와 함께 사회 구성원은 다층적이고 복합적인 새로운 정체성[7] 형성의 문제에 직면하게 된다. 정치권력에 지배를 받던 기존의 체제가 글로벌화의 도전을 받고 무너지며 정체성에 대한 논의가 집중적으로 분출하기 시작했다. 기존에 정체성을 형성하던 요소들이 이완 또는 해체되고 새로운 정체성을 형성하는 요소들이 등장하면서 개인을 규정하는

---

7) 정체성의 구성 요인으로 심리적인 의식 구조, 행동이나 생활의 양태, 법률적인 규정과 조문, 거주의 공간과 신체적 물리적 요소 등을 들 수 있다.

집합적 범주의 층위가 다양해졌고, 개개인은 자신을 어디에 위치시켜야 하는지 혼란스러워졌다.

근대 사회까지만 해도 사회의 질서는 국가 내의 계급 관계, 가부장적 질서와 같은 전통적인 윤리 규범, 헌법 등에 의해 규정되었다. 하지만 지구적 시공간에 대한 패러다임이 변화하면서 민족사회의 전통적 구성이 상대적으로 해체되고 있다. 개별 주체의 정체성은 다원적이고 개방적인 지구 세계를 만들어 가는 조건이 된다. 여기서는 글로벌 사회가 부여하는 정체성의 특성에 대해 논의해 보고자 한다.

글로벌 시대의 개별 주체는 사회의 다양한 영역과 위치에 동시적으로 놓이는 다원적 주체(multi-faced subjects)로서 출현하게 되었다. 김왕근은 글로벌화 현상이 심화되며 세계 시민으로서 지니게 되는 정체성은 지역, 국가, 세계 관계 속에 병렬적 포함관계로 중층적으로 중첩되는 특성 있다고 주장한다. 서태열(2004)은 글로벌 시대에 정체성이 갖는 의미는 세계적 차원, 국가적 차원, 지역적 차원에서 고찰해야 한다고 주장한다. 글로벌 시대에는 다원성과 다양성을 바탕으로 여러 층의 권위와 정체성 공존하므로 다층적 정체성을 가진 혼성적 자아가 형성된다고 할 수 있다.

글로벌 시대에는 사회적 존재들이 거의 모든 영역에서 긴밀하게 상호 연계되어 있다는 연결성 속에서 정체성을 형성한다. 전 세계적 교통 및 통신 체제가 발달하면서 각종 뉴스, 사상, 상품, 자본, 기술 등 모든 정보의 이동 속도가 빠르게 증가하며 개개인은 모든 분야에 걸쳐서 상호작용이 가속된다. 세계 곳곳에서 아이폰의 활용부터 후쿠시마 원자력 사고에 대한 공포까지 우리는 모든 삶의 영역을 서로 공유하며, 웹을 기반으로 소통하여, 시공을 초월한 영향력을 주고받고 있다. 세계를 주권국가 또는 민족 경제 및 정치 공간으로 규정하는 국경의 중요성은 해체되며 개개인은 공유된 사회적 공간에서 서로 긴밀히 상호작용하며 소통하면서 관계를 맺어 간다.

오늘날 인간의 이동성이 증가하면서 특정 공간이나 지역에 자기 자신을 고착시키기 보다는 정체성을 끝없이 개방해 나가고자 한다. 이러한 변화는 개개인이 지방적, 지역적 차원에 의미를 부여하는 미시적 정체성을 형성하게 한다. 이러한 미시성은 상호 복잡하게 중첩되어 있기 때문에 제도적인 정형화가 불가능하다. 또한 지구 전체로 거대해지는 삶의 구조 속에서 보다 주체적이고 개성적인 삶을 영위할 수 있도록 도와준다. 또한 개인의 미시적 정체성은 광역적으로 흩어질 뿐만 아니라 유동적으로 형성된다는 특징이 있다.

또한 지구 자본주의 현상은 개별 주체에게 소비자적인 정체성과 감각적인 소비문화를 형성시킨다고 할 수 있다. 상품의 이미지, 상징, 의미를 중요시하는 소비자들의 경향이 나타나며 다양한 문화적 자원의 활용이 필요해졌다. 이러한 자본주의 문화 양식은 일상 세계에서 소비 규범, 소비 패턴, 생활양식으로 드러나며 대중문화의 발달, 다양한 상징, 기호, 이미지, 담화 등을 연출하게 된다. 이는 각 민족국가의 언어 장벽을 초월하여 지구촌을 가로질러 감각적으로 공유된다. 이렇게 만들어진 소비문화는 지구촌에 다시 재생산이 되고 지구촌 생활양식은 동질화로 나타나기도 한다.

글로벌 시대에 개개인은 불안정한 정체성을 경험하기도 한다. 부유한 OECD 국가의 개별 주체들은 극빈한 아프리카 국가의 개별주체들과 서로 다른 세계를 경험할 것이다. 글로벌화는 모든 지역 도는 국가에서 유사하게 진행되는 것이 아니라 비대칭적으로 불균등하게 이루어진다고 할 수 있다. 어떤 지역, 국가 또는 공동체 내에서도 글로벌화는 동일하게 경험되고 인식되지 않는다. 이런 과정에서 사회 구성원에게 글로벌화는 심한 박탈감을 안겨줄 수도 있고, 지구 사회를 불평등하게 인식 하게 할 수 있다. 지구 전체가 열린 공간, 공유하는 것이 많은 사회적 공간으로 변화할수록 개개인 정체성은 분열될 수 있고, 비대칭성을 인식하게 될 가능성 또한 더욱 커진다. 이러한 과정에서 개개인은 지구의 통합과 분열, 정의와 불평등, 질서와 무질서의 모순된 경향이 함께 복잡하게 뒤얽힌 세상을 경험하며 불안정하고 분열적인 정체성을 형성할 가능성이 있다.

단일 민족이나 단일 문화로 구성된 민족 국가의 경계가 허물어지면서 개별 주체는 다차원적·포스트모던적8)·미시적·유동적 정체성을 형성하게 된다. 따라서 개개인은 혼란과 분열, 비대칭성의 자각 등 새로운 문제에 직면하게 되었고 근대

---

8) Gilbert는 탈집중화, 분산성, 파편성을 띤다고 주장한다(Gilbert, 1995: 18)

적 정체성의 해체와 재구성 과정은 불가피하게 되었다. 이러한 정체성의 문제는 사회구성원이 올곧은 시민성을 형성하는 과정과 맞닿아 있다.

3. 글로벌교육의 연구

(1) 글로벌교육의 출발

시간과 공간에 대한 오랜 관념이 무너지면서 세계 곳곳의 상호의존성이 증대되고, 새롭게 대두되는 여러 글로벌 문제들이 증가하면서 글로벌교육의 중요성이 부각되었다. 글로벌교육은 여러 형태의 '국제 교육'의 영역을 통합하고 지구사회를 하나의 통합적 시스템으로 인식하여 글로벌 이슈를 상호 관련성 속에서 이해하고 해결하려는 넓은 의미의 개념이다.

미국, 영국을 비롯한 세계 각지에서 글로벌화에 대한 인식이 고양되면서 1970-1980년대부터 글로벌교육에 대한 연구가 본격적으로 시작되었다. 그동안의 국제이해교육의 한계를 지적하고 지식편중교육을 반성하여 학교와 사회의 관련성을 심화시키고자 하는 노력이 나타났다. 이런 움직임은 1974년 유네스코의 '국제이해, 국제협력, 국제평화를 위한 교육, 인권 및 기본적 자유에 대한 교육' 권고의 영향으로 더욱 거세졌다.

미국의 글로벌교육은 사회과교육(Social Studies)에서 출발하였는데 기존의 학교 교육을 비판하며 글로벌 시스템에 대한 이해를 강조하였다. 지구촌 사회를 살아갈 수 있는 새로운 시민 교육의 필요성을 강조하며 인류가 공존할 수 있는 공정한 규범이나 규칙을 찾을 것, 세계 시민 사회의 구성원으로 살아갈 때 필요한 가치를 가르칠 것(宇田川晴義, 2008: 52)을 주장하였다.

한편 영국의 글로벌교육은 1970년대의 국제교육(World Studies)에서 출발하였다. 영국이나 프랑스, 독일 등의 국가에서 이주노동자가 증가하면서 소수자 이해의 필요성이 증대되자 1973년경부터 청소년을 대상으로 사회과교육 중심으로 국제교육이 시작되었다. 국제교육은 다문화가 공존하는 사회를 살아가기 위해 필요한 지식, 태도, 기술을 조성하는 교육이라고 할 수 있다. 다시 말해, 다양한 문화 배경을 가진 구성원들의 문화적 차이를 인정하고 대등한 관계를 구축하고자 했다.

Selby[9]는 영국과 미국의 두 가지 흐름을 통합하여 독자적인 글로벌교육을 발전시키려고 노력해왔다. 1986년 지금까지의 "국제교육 교사연수센터(World Studies Teacher Training center)를" 글로벌교육센터로 명칭을 바꾸었다(宇田川晴義, 2008: 52-53). World Studies를 Global이란 용어로 바꾸어 사용한 이유는 전 세계를 상호연결성을 바탕으로 이해하는 홀리스틱(holistic) 관점을 반영하고자 하는 의도가 있다. 또한 Studies를 Education이란 용어를 변경한 이유는 특정 단일 과목을 초월하여 학교 교육 전반에 걸친 변화가 필요하다고 생각했기

---

9) Prof. David E. Selby, 토론토대학 "글로벌교육국제연구소"(International Institute for Global Education, Ontario Institute for studies in Education, University of Toronto)

때문이다.

일본의 글로벌교육의 경우 미국의 동향에 영향을 많이 받아 1980년대부터 연구되기 시작하였다. 80년대에는 글로벌교육이 국제이해교육과 거의 동의어로 사용되는 경우가 많았다. 90년대에 들어서며 Selby, Pike 등과의 교류를 통해 독자적인 글로벌교육이 발전하였는데(浅野誠, 2002: 10) 이때부터 개혁적인 글로벌교육 연구에 관심을 갖는 사람들이 많아졌다. 또한 평화교육, 인권교육, 환경교육, 개발교육, 젠더교육 등은 일본에서 오랜 시간 관심을 갖고 연구되어 왔기에 이러한 움직임이 합쳐져 글로벌교육이 더욱 발전할 수 있었다.

글로벌교육에 대해 Lee Anderson(1979)은 기존 학문이나 교과와 같은 형태로 내용을 정의할 수 있는 교육영역이 아니라 보았다. 그는 글로벌교육은 세계화시대의 학생들에게 보다 바람직한 시민 교육을 제공하기 위해 내용, 방법에서 종래의 교육에서 변화를 추구하는 노력으로 구성된다고 하였다(신현국 1995: 89-90; 魚住忠久, 2003: 58). 세계를 하나의 복잡한 체계로 인식하고 자기 자신을 세계 속에 참여시키고, 참여 과정에서 내재된 가치를 이해하도록 하는 것이 글로벌교육이라고 하였다.

Lyons(1992)는 교과의 통합, 연대, 초월을 통해 커리큘럼의 횡단적으로 조직하여, 지속적 미래, 삶의 질, 대립과 안전, 사회정의와 같은 글로벌 문제나 테마 학습을 추진하는 것을 글로벌 교육으로 보았다. Selby(1995)는 글로벌교육은 사회와 지역과 사람이 서로 연결되어 있고, 모든 사회, 자연 현상은 상호 관련성이 있고, 과거, 현재, 미래라는 시간은 얽혀 있다는데 기반을 둔 교육의 총체적 패러다임이라고 정의하였다(浅野, Selby, 2002: 3-28). 이러한 시각으로 보면 글로벌교육은 기존의 커리큘럼을 조금 수정하여 실현가능한 것이 아니라 교육 전반에 영향을 미칠 수 있는 교육의 새로운 관점이라고 볼 수 있다.

1994년 NCSS(National Council for the Social studies)는 글로벌교육이란 '인류가 문화, 인종, 지구와의 사이에서 서로 관련을 갖고 있다는 사실을 교육하는 것'이라고 정의하였다. 글로벌 시민성(global citizenship)을 기르기 위해서 세계를 국내와 국외를 양분하여 가르치던 것에서 벗어나 상호연결된 하나의 시스템으로 간주하고자 하였다.

다양한 견해를 통하여 글로벌교육에서는 여러 가지 사실과 현상을 상호관련성 있는 것으로 인식하는 것이 무엇보다 중요하다는 것을 알 수 있다. 이러한 점이 국제이해교육과 글로벌교육의 차이로 볼 수 있다. 국제이해교육은 국가의 경계 안에서 자국과 타국을 비교의 관점으로 인식하는 데에 반해, 글로벌교육은 국가의 경계를 초월하여 세계를 하나의 총체적인 체계로 인식하여 상호관련성에 초점을 맞춘다고 할 수 있다.

(2) 글로벌교육의 영역과 내용

글로벌교육의 영역은 개발교육, 환경교육, 인권교육, 평화교육, 반차별교육, 다문화교육, 동물권리보호교육 등을 포괄한다(宇田川晴義, 2008: 53). 그러나 글로벌교육은 평화교육이나 환경교육, 개발교육을 세분화한 학습이 아니라 종합된 형태로 환경, 인권, 평화 등의 테마를 가지고 할 수 있는 학습이라고 할 수 있겠다.

글로벌교육의 영역과 내용 요소에 대해서 다양한 학자들의 견해가 있다. Lee Anderson은 글로벌교육의 영역과 학습 내용을 다음과 같이 제시하였다. 첫째, 인류, 인간에 대한 학습이다. 학습테마는 인류에 관한 비교연구, 인간의 문화, 문화적 변화, 인류사(주요 경향과 사건)이다. 둘째, 행성으로서 지구의 학습이다. 주요 테마는 우리들의 필요와 지구 자원 체계, 지구 환경이다. 셋째, 글로벌 전체로서 사회 조직이다. 글로벌 경제권(다국적 기업, 무역 전달권)을 학습 테마로 한다. 넷째, 지구 전체에 있어서 자국의 학습이다. 하나로서의 지구(기능, 지위), 세계의 다른 부분과의 공통성(글로벌 사회로부터의 영향)을 주요 학습 테마로 다룬다. (魚住忠久, 2003: 29)

Robert Hanvey(1978)은 글로벌 관점의 5가지 구성 요소로 시각에 대한 자각(perspective consciousness), 지구 상황에 대한 인식(state of the planet awareness), 문화간 이해 (cross-cultural awareness), 세계의 역동 체제에 대한 지식 (knowledge of global dynamics), 그리고 인간의 선택에 대한 인식(human choice awareness)을 강조하였다(김현덕, 2007; 魚住忠久, 2003).

Leetsma(1978)는 글로벌교육의 구성요소로 인류 단일성-다양성, 인간 권리, 상호의존성, 세대 간의 책임, 국제 협력의 5가지 관심영역을 제시하였다. Muessig(1981)는 글로벌교육에 대한 문헌을 검토하면서 글로벌교육의 구성요소를 제시하였는데 지구를 하나의 우주여행선(Spaceship earth)으로 보는 개념, 인류단일성(Unity)과 문화 다양성, 인간관계의 상호의존성, 다양한 충성심(Multiple loyalty), 인간권리, 미래주의(futurism)의 6가지로 제시하였다. Kniep(1986)는 글로벌 연구 영역으로 4가지를 제시하고 있는데 인간적 가치, 글로벌 시스템, 글로벌 이슈, 글로벌 히스토리이다.

이상을 종합해보면 글로벌교육은 여러 형태의 '국제 교육' 영역을 통합하고 지구 사회 전체를 하나의 시스템으로 인식하여 인류의 문화 가치와 인간 생존을 위협하는 글로벌 이슈를 상호 관련성 속에서 이해하고 이를 해결하려는 넓은 의미의 통합적 개념이라 할 수 있다. 이처럼 상호관련성을 강조하는 글로벌교육을 통하여 지구 반대편의 일을 자신과 직접 관계된 일로 여길 수 있는 능력과 글로벌문제에 대한 참여의식을 길러줄 수 있을 것으로 기대된다.

(3) 글로벌교육의 목적: 글로벌 시민성의 함양

시민성의 의미와 내용에 대해서는 초점을 어디에 두느냐에 따라 그 개념이 다를 수 있지만 일반적으로 시민성(citizenship)은 민주주의 사회의 구성원으로서 마땅히 지녀야 하는 행동

성향을 말한다. 시민성이란 민주 사회의 구성원으로서 소양을 나타내며 민주정치 과정에 참여할 수 있는 지식과 기능의 총체를 의미하는 것으로 정의할 수 있고 이러한 시민성[10]은 사회와 개인의 상호작용을 통해서 형성된다(김용신, 2007: 26).

그렇다면 글로벌 시민 사회 구성원이 지녀야 할 소양으로서 시민적 자질이란 구체적으로 무엇일까? UNESCO(1999)는 사회의 변화에 따른 새로운 시민적 자질로서 세계인으로서 문제를 보고 접근하는 능력, 인간 권리를 보호하려는 민감성, 지역사회, 국가, 세계적 차원에서 정치적 참여 능력과 의지, 문화적 차이 이해, 수용, 관용하는 능력, 사회 속에서 개인의 역할에 대한 책임 의식과 협동 능력, 갈등을 비폭력으로 해결하는 의지, 비판적 체계적 사고능력, 환경을 보존하는 소비성향과 삶의 방식을 채택하려는 의지를 언급하였다.

영국의 비영리단체인 Oxfam(2006)에 따르면 글로벌 시민은 첫째, 글로벌 이슈에 대해 인식하고 이를 해결하는데 책임감을 가지고, 둘째, 가치의 다양성을 존중하고, 셋째, 세계를 보다 정의롭고 지속가능한 공동체로 변화시키려는 시민이다.

기존의 시민성은 국민국가라는 울타리 안에서 단일한 지위와 동일한 권리 및 의무를 부여 받는 것을 중요시 했다. 글로벌 시민성은 다양한 가치가 공존하는 사회에서, 서로를 인정하고 존중하며, 지역, 국가, 세계 차원의 각종 분쟁을 대화와

---

10) Michael Walzer는 시민성을 두 가지로 나누어 설명했는데, 첫째는 공직, 책임, 부담으로서 시민성이고 둘째는 지위, 권한 권리로서의 시민성이다. 책임으로서 시민성은 공동체주의적 성격이 강하고, 권한으로서 시민성은 자유주의적 입장에 가까운 것이라고 할 수 있다.

타협과 같은 민주적인 절차를 통해 해결하려는 시민적 속성이라고 할 수 있다.

Heater(1990)는 바람직한 글로벌 시민은 지구와 지구인에 대한 책임감이 있어야 한다고 주장한다. 또한 인간을 보호하기 위한 참여의식을 가진 사람, 초국가적 사회운동에 참여하는 시민을 길러야 한다고 주장한다. 그는 진정한 시민교육의 목표는 모든 형태의 인간의 폭력에 의한 고통을 줄이기 위한, 지식, 민감성, 굳은 결의를 가진 개개인을 만드는 것이라고 주장한다. 나아가 글로벌 시민성 교육을 위한 내용과 방법, 수단과 목적, 그리고 사회적 정치적 연결에 대한 새로운 교육 선언(manifesto)이 필요하다고 주장한다.

이상을 종합해보면 글로벌 시민성의 개념은 여러 가지 차원에서 설명할 수 있을 것이다. 먼저 인식으로서의 글로벌 시민성을 논할 수 있다. 지구사회의 구성원으로서 의식을 기르기 위한 것으로, 세계의 시민이라는 의식, 지구라는 한 공간에서 살아가고 있다는 의식, 우리는 모두 서로에게 영향을 미치고 있다는 의식이 그 구체적인 내용이다. Benjamin Barber는 글로벌 시민성은 의식의 확장을 통해 낯선 사람들이 이웃이 되어가는 역동적인 관계라고 하였고, David Held는 세계시민은 국가적 전통과 운명 공동체, 대안적 삶의 양식의 사이를 중재할 수 있는 능력이 있어야 한다고 주장한다. 글로벌 시민성의 장벽은 우리 마음 속 의식의 문제라고 할 수 있다.

책임으로서의 글로벌 시민성은 권리와 책임의 조합을 나타내는 용어라고 할 수 있다. 참여로서의 글로벌 시민성은 지구 규모의 이슈에 대해 적극적으로 참여하여 문제를 해결하고자 하는 태도를 말한다. 간문화 이해로서 글로벌 시민성은 주로 민족, 언어, 종교, 사회 계층 등이 서로 다른 인간이 어떻게 관계 맺으며 상호 작용을 하는지에 초점을 맞춰진다. 인간관계를 통해 서로 다른 문화에 편안함과 자유를 느낄 뿐 아니라 서로 다른 것으로 나아갈 수 있음을 강조하고 열린 마음을 중시한다. 성취로서 글로벌 시민성은 학문적, 직업적, 경제적 경쟁력과 능력을 강조한다. 경쟁적인 글로벌 시민성을 가진 새로운 세대를 발전시키고자 하는 교육가들에 의해 고안되었다. 각 학생들에게 무제한의 인터넷 공급, 동기를 고양시키는 높은 수준의 교육 프로그램을 제공하는 것이 중요하다. 국제적 유동성으로서의 시민성은 개인이 외국에 나가서 일하고 살 때 어떻게 환경에 적응할 것인가를 중심으로 하는 독립적인 시민성이라고 할 수 있다. 이처럼 글로벌 시민성은 다양한 차원에서 이해하고 접근할 수 있을 것이다.

글로벌 시민교육은 학습자에게 '한국인'이기 이전에 '같은 인간', 혹은 '지구 시민'임을 인식시키는 작업이라 할 수 있다. 보편성을 추구하면서도 다양성을 존중하는 글로벌 시대의 바람직한 인간상을 구현하기 위한 글로벌 교육이 필요하다는 것은 누구나 공감하는 문제일 것이다. 그렇다면 어떻게 학습자에게 글로벌 시민성을 함양시킬 것인가에 대한 구체적인 방법적 모색이 필요할 것이다.

제3장

일본의 내셔널교육

"도시국가든 국민국가든, 공화정이든 원수정 혹은 제정이든, 역사 속에서 시민권은 국가가 개인에게 부여하는 법적·정치적 지위이자 개인이 국가에 바쳐야 하는 충성의 증표였다. 따라서 시민교육은 개인을 시민의 지위로 인도하며 국가에 대한 결속을 강화하고자 했다. 사실 그 관계는 매우 자명한 것으로 보였기 때문에 이론과 실제 모두에서 국가가 자신의 생각에 부합하는 형태의 시민교육을 규정하는 것은 종종 당연하고도 현명하며 필요한 일로 간주되었다"(Heater, 2007: 379).

국가교육은 국가가 제공하는 교육이자 국가공동체의 구성원을 대상으로 하는 교육으로, 정치공동체의 구성원으로서 누구나 알아야 할 보편적인 내용을 다루는 시민교육적 성격을 갖는다. 근대국가의 발달과 맥을 같이해온 국가교육은 국가 내에서 이루어지는 여러 가지 통치 활동들 가운데 하나로 간주되기도 한다. 국가교육이 전제적·권위적 사회에서 정권이나 통치세력의 정당성 확보를 위한 수단으로 사용될 위험 성은 근대 국민국가의 성립 이후 늘 제기되어 왔다.

한기철은 국가주의 교육은 국가에 의해서 시행되는 국가교 육이 타락했을 때 발생하는 현상으로 보고, 그 타락의 핵심은 통치 권력으로서 국가가 공공성을 상실했다는 점을 지적한다. 국가주의 교육은 국가교육이 국민의 삶을 통제하고 억압하는 일이 생길 수 있음을 의미한다(한기철, 2015: 199-229).

일본은 산업화와 경제성장이라는 삶의 양적 팽창은 이루었 지만 정치문화에 있어서는 위계적 권위가 강하고 의존적 · 순 응적으로 개혁에 대해 소극성을 보인다. 일본사회는 시민, 시 민사회라는 표현보다는 대중, 대중사회라는 표현이 더욱 어 울린다. 일본 지도층이 보수주의로 회귀하고 야스쿠니 신사 참배와 같은 군국주의 부활의 의지를 나타냄에도 불구하고 대중의 지지를 받고 있다는 점은, 전후 '평화'와 '민주주의' 를 수호할 법적 · 정치적 존재로서 시민을 기르기 위한 교육 적 노력이 성과를 다하지 못하였음을 보여주는 예가 아닌가 싶다.

본 장에서는 일본이 과거 팽창적 국가주의를 극복하고 '민 주주의와 평화'를 정착시키기 위해 시행했던 전후의 국가교 육이 갖는 한계를 전전과의 연속성이라는 맥락에서 고찰할 것이다. 일본 교육의 큰 방향 전환이 되었던 두 시기의 교육 개혁의 지향성과 과정, 내용 등을 국가주의와 시민교육의 관점에서 검토하여, 전전과 전후의 연속성을 조명하고자 한다.

학제를 공포하고 근대교육제도의 효시를 이룬 메이지 개혁(1868)을 제1 교육개혁, 패전 이후 민주주의 헌법과 「교육기본법」, 「학교교육법」(1947)에 의하여 재건된 6-3-3-4제의 교육개혁을 제2의 교육개혁(고전, 2014: 98)으로 본다. 이에 각 시기의 국가교육이 지향하는 바와 체계를 갖추어가는 과정을 간략하게 살펴본 후, 규범적·내용적 차원, 제도적·절차적 차원의 전전-전후의 연속성을 탐색하고자 한다.

1. 메이지 일본의 근대적 교육

메이지 일본은 근대화된 사회를 지탱할 결속된 구성원을 형성해야 할 필요성과 동시에 천황제를 뒷받침할 순종적 신민을 양성할 필요성이 있었다. 국가에 대한 결속을 강화하기 위해 메이지 일본이 단행했던 교육개혁의 방향성과 과정을 검토하는 것은 전후 교육과의 연결고리를 찾는 단서가 된다는 점에서 의미가 있다.

(1) 규범적·내용적 차원

근대국가 형성 과정은 대체로 근대교육제도의 성립과 함께 전개된다. 일본의 근대교육 체제는 메이지 일본의 형성이라는 측면에서 살피는 것이 타당할 것이다. 문호를 개방하고 유럽의 근대화된 문물을 받아들이기 위해 메이지유신(明治維新)을 단행한 일본은 외양은 서양식 근대국가를 지향하고 내면은 사회질서의 근간인 유교주의를 견지하였다. 서양의 정치, 경제 구조에 교육, 문화, 사상, 정신의 구조가 결합하여 독특한 사회 체제가 형성되었다. 부국강병을 위해 사회 구성원의 교육이 절대적이라는 인식은 메이지 정부의 기본 전제였다.

메이지 정부는 단선형 학교 체계를 완성하고 학제를 반포하여 모든 국민은 제도적으로 초등교육을 받게 되었다. 1872년 반포된 학제포고서[11]의 근본이념은 1) 입신출세적 교육관, 2) 교육에 있어서의 사민평등, 3) 기초학력습득, 실리주의적 학문관을 그 내용으로 한다(片桐芳雄 외, 2011: 108). 메이지 초반에는 공리주의 교육관에 입각하여 자연과학, 수학과 같은 실리적 과목을 중시하고, 개인주의적 인간상을 수용하고자 함을 알 수 있다.

일본 근대교육의 지향이 근대 국민국가 건설을 선도할 인재 양성과 양질의 노동력 확보를 통한 부국강병에 있었음에

---

11) ① 입신(立身)과 치산(治産)을 위해서는 '수신개지(修身開智)하여 재예(才藝)를 장(長)케' 할 필요가 있는데, 이를 위하여 학문을 전수하는 곳이 학교이다. ② 이러한 학문은 '공리허담(空理虛談)'을 일삼고 실천에 보탬이 되지 못했던 봉건적 교학(敎學)이 아니요, 일상의 언어와 서·산(書算)을 비롯하여 관리·농·상·공 기타 모든 직업에 필요한 지식과 기술이어야 한다. ③ 이러한 학문은 입신에 필요한 '재본(財本)'이기 때문에 신분계급을 묻지 않고 모든 인민이 접해야 하며, 따라서 '읍(邑)에 불학(不學)의 호(戶)가 없고, 가(家)에 불학의 사람이 없도록' 기(期)해야 한다. ④ 학교교육은 각인의 입신치산(立身治産)에 필요하므로 그 비용은 관에 의존하지 않고 인민 스스로가 부담해야 한다(문부과학성(n.d). www. mext.go.jp에서 2017. 01.20. 인출).

학제의 교육이념 역시 국가의 부국강병에 포인트가 맞춰져야 함은 당연함에도 불구하고 학제에서 '국가'는 오히려 자취를 감추고 있으며, 개인주의적이고 실학주의적 교육관을 전면에 내세우고 있다(이권희, 2015a: 206-210).

그러나 공리주의적 가치와 공공성이라는 국민의 규범 형성에 교육의 궁극적 목표를 설정함으로써 실제로는 천부인권이나 사민평등, 자유민권주의 등의 근대적 자아의 각성과 실현이라는 개인의 독립된 사상을 키우는 교육관을 강하게 갖고있지는 못했다. 결과적으로 학제는 실패했다고 평가된다(이권희, 2015b: 404).

교육이념의 설정을 두고 신구 세력의 치열한 주도권 다툼이 있었고, 문명개화와 서양주의에 대한 반동으로 복고주의가 태동하게 되었다.

유교의 논리에 따라 천황의 권위를 바탕으로 하는 국가체제를 구상한 모토다 나가자네(元田永孚)는 천황의 교육에 관한 시찰 의견인 '교학성지(教学聖旨)'에서 근래의 교육은 서양의 지식과 기술을 중시하여 공자의 가르침에서 유래하는 인의충효가 잊혀가고 있고, 어릴 적부터 인의충효의 도덕관을 확실히 뇌리에 심기 위해, 고금의 충신, 의사, 효자 등의 화상이나 사진을 게시한다고 말했다. 교육은 고상한 공론적인 것이 많아서 농, 상가의 자제에게 실용적이지 않고 '학제'하의 교육은 도덕적인 면의 교육이 결여되어 있다고 비판하

였다.[12)]

1890년 공포된 '교육칙어(敎育勅語)'는 일본 근대교육의 특수성을 극명하게 보여준다. 천황은 만세일계의 유일한 신으로 일본 국가의 주인이며 모든 국민은 천황 앞에 평등하고 천황의 신하인 신민으로서 천황에게 충성을 다해야 한다는 내용을 담은 교육칙어[13)]는 서양 정신의 핵심인 기독교를 참조로 천황을 구심점으로 재구성한 것이었다. 천황을 머리로 하고 국민을 몸으로 한 유기체론적 국가관을 바탕으로 국민의 충성심과 효도심이 국체의 정화이자 교육의 근원임을 규정했다.

근대화 이후 일본의 교육은 천황제 이념을 바탕으로 하는 국가 부강 정책에 활용되었다. 황국신민화와 체제 유지에 활용된 근대 일본 교육은 도덕주의와 가족국가관을 주입했다. 메이지 교육은 인, 의, 예, 지 등 유교적 수신을 강조하고, 개인의 자유로운 사고와 판단을 적대시하였다.

존왕애국, 국가에 대한 책임, 사회의 제재와 염치, 군신관계의 질서체제에 대한 공적인 충성심을 강조하는 황도주의[14)]와 서구의 천부인권, 사민평등의 계몽주의 사상은 상호 모순적인 것이었다.[15)]

---

12) 문부과학성(n.d). www. mext.go.jp에서 2017.01.20. 인출.

13) 메이지신궁(n.d) www.meijijingu.or.jp/about/3-4.html에서 2017.01.20. 인출.

14) 황도주의 교육의 근간은 국체사상의 고양에 있었다. 국체사상은 국가와 민중의 관계를 권위주의적 가부장제라는 유교질서로 편입시킴으로써 근대적 인격의 성립을 원초적으로 차단해버렸고, 1945년 패전 시까지 근대 일본사회를 지배하는 거대 이데올로기로서 기능하였다(이권희, 2015b: 405).

서구의 절대주의는 중세적 신념체계의 붕괴를 전제로 정치와 윤리를 분리했지만 일본의 절대주의는 전통적 신념체계를 요구하였다. 일본은 천황에 철저하게 순종하는 신민을 양성하는 데 주력했다. 국가를 가족의 연장으로 이해하여 천황은 가부장, 신민은 천황의 적자로 생각하도록 하여 충효일치와 가족이 서로 화합하는 미풍양속을 강조하였다(藤田省三, 2009). 국가주의 교육을 직접 담당하게 된 교과는 대부분 근대국가의 경우가 그렇듯이 사회계 교과였다. 국사와 지리는 민족적인 일체감을 기르고 소박한 향토애를 국가애로 연결하는 역할을 담당했다. 일본의 경우 소학교에는 수신, 지리, 역사 교과가 중학교에는 수신, 역사, 지리, 법제 및 경제 등이 설치되어 충량한 신민의 형성에 기여하였다. 이후 약간의 개혁 혹은 저항으로서 공민과 설치, 다양한 교육 운동 등이 있었지만, 전시 체제가 도래해서 결국 자취를 감추고 말았다(이경호, 2007: 35-37).

일본은 외견적으로는 근대국가의 모습을 시도했지만, 국민을 주권의 주체로 인정하지 않고 천황의 종속적 존재로 간주하였다. 교육에 관해 의회가 입법하는 법률이 아닌, 천황이 내리는 교육칙어를 통해 국민정신과 교육이념을 규정하였다. 개인의 자유, 기본적 인권에 대한 인식, 보편적 시민의식은

---

15) 메이지 유신 초기에는 서양 학자들의 계몽서가 권장되고 교과서 발행이나 채택의 자유가 보장되었다. 하지만 1880년경 정치권력은 민간 서적을 교과서로 채택하지 않고, 자유 존중, 인민주권의 내용이 포함된 일부 계몽서는 금서화하였다.

결락되었고, 천황제에 반하는 사고방식이나 가치는 탄압하였다. 이 시기의 교육은 정교일치의 맥락에서 신민들을 계몽하고 교화하는 외재적 목적을 담당하였으며, 국가와 국민의 관계를 권위적 가부장제 질서로 편입시킨 '국체사상'은 교육을 통해 개별 주체의 사유체계 속에 침투하였다.

(2) 제도적·절차적 차원

교육제도는 그 체제를 국가의 총체적 계획 속에서 전개되도록 함으로써 한 국가가 추구하는 공동의 이념적 노선과 문화적 중핵을 효율적으로 관리할 수 있는 기반을 마련하는 데 결정적인 영향을 줄 수 있다(이돈희, 1993: 340).

일본의 교육은 유럽의 근대 학교 제도를 받아들여 오늘날과 유사한 형태를 갖추게 된다. 1871년 7월 18일 교육행정의 중앙기구인 문부성을 창설하고 근대적 학제를 반포하며, 전통적 교육을 완전히 폐기하고 서구적인 신학교 제도를 준비하였다. 전국 8개 대학구, 256개 중학구, 53,760개의 소학구가 배치되며 일본은 학교의 시대를 맞이하게 된다(辻本雅史 외, 2011: 353-354).

교육의 변화는 학교 제도만이 아니라 학교 건축, 교과서, 교구, 교육과정까지 완전히 구미식 제도를 모방하였다. 급속한 근대화를 위해서 교육의 중요성에 주목하였다.

자유민권운동(自由民權運動)이 격렬해지자 이에 대한 민중의 동조를 방지하고, 저항을 회유하기 위해 메이지 정부는 학제 개혁에 착수하였다. 1879년 교육령(敎育令)을 공포하여 교육자유화, 교육현실화, 지방분권화 정책을 실시하였다. 교육령이 공포된 지 불과 15개월 만인 1880년, 제2차 교육령(개정 교육령)이 공포되어 문부성은 중앙집권적 교육체제를 강화하였다. 개정 교육령은 학교의 설치, 취학의 의무를 엄격히 규정하고, 문부성 부지사현령의 감독 권한을 강화하였다(片桐芳雄 외, 2011: 112-113).

일본의 근대교육제도를 창설했다고 평가받는 초대 문부대신 모리 아리노리(森有礼)는 1886년 제국대학령, 사범학교령, 소학교령, 중학교령을 통해 학교종별 법규와 역할을 명확하게 규정하였다. 특히 소학교령과 중학교령에서 '교과서는 문부대신이 검정한 것에 한한다'라고 하여 교과서 검정제도를 규정하였다(片桐芳雄 외, 2011: 113).

또한 국민의 '애국심'을 배양하기 위해 군대식 체조와 학교 의식을 도입함으로써 국가주의 교육 체제를 강화하였다. 모리 아리노리는 인간의 성장, 발달이라는 측면의 교육을 추구하기보다는 국가의 독립과 번영, 발전을 기약하려는 국가주의적 입장에서 교육체제를 형성하려 하였다(한용진, 2010: 33).

1889년 국가의 통치권을 천황에게 부여한 '대일본제국헌법(大日本帝國憲法)'이 발포되고, 1890년 '교육칙어(敎育勅語)'를 발포, 천황 통치하에 국민정신과 도덕을 배양, 통합하려 하였다. 교육칙어는 국수주의적·미토학적(水戸学) 국체관을 토대로 교육의 원천을 '국체' 정화에서 구하고 국민사상의 통일을 도모하였다. 교육의 목적을 진리 추구나, 인간의 계발이 아닌, 천황의 충실한 신민 육성에 두었던 것이다.

1890년 제2차 소학교령은 도덕교육, 국민교육, 생활에 필수적인 보통 지시과 기능을 가르치는 것과 덕성의 함양을 강조하였다. 물론 그 중심을 담당하는 교과는 수신과(修身科)였다.[16] 수신과 교과서에는 '교육칙어'가 게재되었고, 교육활동은 그 취지에 근거하여 이루어졌다. 또한 어진영(御真影)[17] 경례와 만세, 교육칙어 봉독, 충군애국지기 함양을 위한 연설, 창가 합창 등의 의식을 의무로 규정하여 천황의 절대적 권위를 각인시켰다.

국가주의 교육은 학급제에 의한 집단훈육을 통해 개개인에 주입되었고, 소풍, 운동회, 학예회, 전람회와 같은 행사를 통해 가족주의적 협조정신, 촌락공동체 의식과 함께 지역에 침투되었다. 1900년 제3차 소학교령으로 의무교육제도가 확충되었다. 1903년에는 국정교과서 제도가 실시되었다.[18] 수신, 국어

---

16) 수신과 교과서에는 근대 일본의 국가주의적 경향이 잘 나타나 있으며 수신교육은 지배층의 권력 유지를 위한 교화 수단이 되었다(이병담, 2005).

17) 일본 천황과 황후의 사진 또는 초상화를 높여 부르던 말이다.

18) 소학교의 국정교과서 제도는 1902년의 교과서 의혹 사건이 계기가 되었다. 이는 소학교 교과서의 채용을 둘러싼 뇌물 수수 사건으로, 민간이 만들고 문부성의 검정을 거쳐 부현의 심사위원이 채택 여부를 결정하던 과정에서 뇌물 수수가 발각되어 지사, 의원 등 200여 명이 검거되고 116명이 유죄판결을 받음으로써 국정교과서가 사용되기에 이른다(家永三郎, 2006: 85-86).

독본, 일본역사, 지리 등 국체, 국가의식의 형성에 깊이 관여하는 4종의 교과목의 교과서는 문부성이 저작권을 갖고 편찬하게 되었다. 1904년 4월부터 시작된 국정화 교과서는 이후 패전까지 1910년, 1918년, 1933년, 1941년 등 네 차례 개정되었고, 국정 1-5기 교과서로 불린다(辻本雅史 외, 2011: 387).

국정교과서 제도의 실시로 정치성이 강한 과목에 대해서 학교에서 무엇을 어떻게 가르칠 것인가를 국가가 통제하게 되었다. 수신과는 이데올로기 재생산의 실질적 역할을 담당하였다. 개인이 한 사회 구성원으로서 정체성을 갖고 살아가기 위해서는 사회·문화적 과정이 필연적이며 교육체제는 이러한 기능을 수행하는 장치로서 작용할 수 있다. 국가에 의한 교육 체제는 중립적 실체일 수 없으며 다양한 이해관계와 이데올로기적 성격을 반영하여 구성된다고 할 수 있다. 메이지 정부는 천황을 구심점으로 권위를 부여하고 근대적 교육 체제를 정비함으로써 근대적 인력을 양성한다는 실용적인 목적과 국가통합의 과제를 동시에 수행할 수 있었다.

2. 전후 일본의 교육개혁

1945년 일본은 패전 이후 미군의 점령과 전후 개혁을 경험하게 된다. 미국의 대일 점령 정책의 기본 방침은 군국주의 일소와 민주화의 실시였다. 연합군 최고사령부(GHQ)는 평화헌법을 제정하고, 의회민주주의의 정착, 지방분권화, 비군사화를 선언하는 등 전후 일본의 민주화를 위해 노력한다. 특히 일본의 학교교육제도는 편협한 민족주의와 광신적 군국주의의 온상이었기에 교육개혁은 무엇보다 시급한 과제였다.

민주주의 국가로 변모하기 위한 전후 일본의 교육개혁의 노력을 규범적·내용적 차원, 제도적·절차적 차원, 구성적 차원에서 살펴보고자 한다.

(1) 규범적·내용적 차원

점령군 교육정책은 일본의 초국가주의, 군국주의 교육을 뒷받침한 천황제 교학체제의 일소화를 기본 전제로 한다. 점령군 교육정책의 규범적·내용적 차원을 살펴보기 위해 문부성과 연합군 최고사령부 등에 의해 제시된 각종 지침, 지령, 보고서, 교육기본법 등의 방향과 세부 내용을 검토하고자 한다.

패전 후 일본 지도층은 천황제의 존속을 끝까지 주장하며 '국체유지'를 전제[19]로 교육을 재건한다는 방침을 내세웠다. 전쟁 말기 문부대신이었던 오타 고조(太田耕造)는 패전과 동시에 훈령을 발표하여 금후의 교육이념에 있어서도 황도사상을 계승해야 한다고 천명한다.

---

19) 패전을 앞두고 천황과 일본 지배층이 우선적으로 집착한 것은 '국체 호지', 즉 천황제를 유지하는 일이었다. 패전을 전후하여 천황은 원래 평화를 사랑하는 평화주의자였고, 천황의 성스러운 결단으로 비극적인 전쟁을 종결할 수 있다는 신화가 창출되었다. 국체를 지키려는 의도에서 작성된 '종전의 조서'는 오늘날까지 이어지는 왜곡된 역사 인식의 뿌리가 되었다(박진우, 2015: 121-157).

황도사상은 패전 후에는 국체 호지의 형태도 계승되었다. 메이지 이래로 일본 제국주의화의 원동력이 되었던 황도사상이 문부대신에 의해 천명되었다는 것은 앞으로의 교육제도가 외형적으로 개혁된다 해도 그 이념은 지속됨을 의미한다고 할 수 있다(한용진, 2010: 234).

1945년 9월 15일 문부성은 '신일본 건설의 교육방침(新日本建設の教育方針)'을 제시하여 교육개혁의 출발점으로 삼았다.[20] 세계평화와 인류복지에 공헌할 신일본의 건설에 이바지하기 위해 신교육의 방침, 교육의 체세, 교과서, 교직원에 대한 조치, 학도에 대한 조치, 과학교육, 사회교육, 청소년단체, 종교, 체육, 문부성 기구의 개혁에 대한 것 등 11가지의 구체적인 방침을 제시한다. 이 과정에서 특징적인 것은 "금후 교육은 더욱 국체를 보호하고 지키는 데 힘씀"이라는 규정으로 천황제를 수호하고 싶은 수구 세력의 의도를 그대로 드러낸다고 할 수 있다.

1945년 10월부터 12월에 걸쳐 연합군 최고사령관총사령부는 일본 교육제도의 관리를 시작하며 전시 교육 처리에 대한 방침 네 가지 지령을 지시하였다. 제1 지령은 점령 교육의 목적과 정책을 이해시키기 위한 포괄적인 지령이었다. 교육 내용으로 군국주의적이고 극단적인 국가주의 이데올로기 보급을 금지하고, 군사교육 학과 및 교련은 폐지할 것, 의회정

---

20) 문부과학성(n.d). http://www.mext.go.jp/b_menu/hakusho/html/others/detail/1317991.htm에서 2017.01.17. 인출.

치, 국제평화, 개인의 권위사상 및 집회, 언론, 신앙의 자유와 같은 기본적 인권사상에 합치하는 개념에 기초하여 교육내용을 정밀하게 검토, 개정, 관리되어야 할 것을 주장한다. 교육 과정에 있어서 교과서, 지도서, 교재를 검토하여 군국주의, 국가주의 사상을 조장하는 부분은 삭제하고, 평화적이고 책임을 존중하는 새로운 교과목, 교과서, 참고서를 준비할 것을 지시한다.

제2지령은 교원에 관한 것으로, 첫 번째는 군국주의, 국가주의 사상을 가진 자, 연합군의 정책에 반대의견을 가진 자를 교직에서 추방해야 한다는 내용, 두 번째는 문부성은 교사를 조사, 인가하기 위한 행정기구를 만들 것을 제안하고 있다.

제3지령은 국가신도, 신사신도에 관한 것으로 전국 학교에서 신도와 관련된 시설, 행위, 교육내용 등을 척결하고, 국민 생활을 갱신하여 영구평화와 민주주의를 건설하자는 것이다. 제4지령은 수신, 일본역사 및 지리 정치에 관한 것으로 관련된 모든 교과서와 교사용 교재를 전부 회수할 것, 대행교육실시계획을 제출할 것, 새로운 교재를 준비할 것 등을 제안하고 있다.[21] 이를 통해 전후 초기의 점령 교육정책은 군국주의, 극단적 국가주의 사상을 불식시키고자 세세한 부분까지 신경을 쓰고 있음을 알 수 있다.

---

21) 문부과학성(n.d). http://www.mext.go.jp/b_menu/hakusho/html/others/detail/1317996. htm에서 2017.01.23. 인출.

일본이 급진적으로 전면적 교육 체계의 개혁을 완수하는 데 큰 역할을 한 것은 교육사절단이 작성한 보고서(1946)였다. 이 보고서는 전후 일본의 교육개혁의 기본방향을 지시하는 내용을 담고 있으며 일본 교육정책에 절대적인 권위를 행사하였다. 교육사절단의 보고서는 제1장 일본교육의 목적과 내용에는 교육의 목적, 학과 과정, 교과서, 수신과 윤리, 역사와 지리, 건강교육과 체육, 직업교육 등을 다루고 있다. 제2장은 언어개혁, 제3장은 초등 및 중등단계의 교육행정, 제4장은 교수법과 교사양성 교육, 제5장은 성인교육, 제6장은 고등교육을 다룬다.[22]

그 요지는 군국주의, 국가주의적 교육의 금지라는 교육 4대 지령에 더하여, 민주주의 교육의 기본이념을 중심으로 전면적으로 교육을 개혁하자는 제언이었다.[23] 개인의 가치와 존엄, 교육 및 연구의 자유 등이 핵심이었다. 또한 다양한 학제 개혁과 문부성의 통제를 배제하고, 교육의 분권화를 실현하기 위해 교육위원회제도를 창설하는 등 행정적인 개혁의 내용이 포함되어 있었다. 교육사절단의 보고서는 일본 교육개혁의 기초가 되며, 교육쇄신위원회에 의해 실천에 옮겨졌다.

문부성은 1946년 5월 교사를 위한 안내서 신교육지침(新

---

22) 문부과학성(n.d). http://www.mext.go.jp/b_menu/hakusho/html/others/detail/1317998.htm에서 2017.01.23. 인출.

23) 제3장 초중 및 중등단계의 교육행정의 내용을 보면 학교행사 시 '교육칙어' 봉독과 천황 사진 경배는 학생의 사상과 감정을 획일적으로 통제하는 강력한 도구로서, 호전적인 국가주의의 목적에 부합하므로 금지해야 한다고 권고하고 있다.

教育指針)을 편찬하여 배포하였다.[24] '신교육지침'은 전쟁과 패전은 일본인이 인간성, 인격, 개성을 충분히 존중하지 않았기에 초래됐고, 합리적 비판정신이 결여되어 군국주의, 국가주의의 도래를 막지 못했기에, 이러한 전쟁 책임은 일본인 전체가 가져야 하며 국민은 세계를 향해 깊이 사죄해야 한다고 주장한다.

시죄는 민주적 국가를 건설힐 때만 가능하고, 이 임무 수행에 있어서 교육자는 지극히 중요한 역할을 맡고 있기에 전쟁과 비참한 현실을 초래한 일본사회에 대한 국민과 교육자의 반성과 책임을 강조했다(한용진, 2010: 260-265).

신교육지침의 제1부의 전편은 이론을, 후편은 실제를 말하고 있다. 전편은 신일본 건설의 근본 문제로서 1) 일본의 현실과 국민의 반성, 2) 군국주의 및 극단적 국가주의 제거, 3) 인간성, 인격, 개성의 존중, 4) 과학적 수준 및 철학적·종교적 교양의 향상, 5) 민주주의의 철저, 6) 평화적 문화국가의 건설과 교육자의 사명, 이렇게 6장으로 구성되어 있다. 후편에서는 신일본교육의 중점으로 1) 개성을 존중하는 교육, 2) 공민교육의 진흥, 3) 여성교육의 향상, 4) 과학적 교양의 보급, 5) 체력의 증진, 6) 예능 문화의 진흥, 7) 근로 교육 등의 혁신으로 구성되어 있다.

제2부에서는 신교육의 방법으로서 교재의 선택 방법, 취급

---

24) 문부과학성(n.d). http://www.mext.go.jp/b_menu/hakusho/html/others/detail/1317571 .htm에서 2017.01.23. 인출.

방법, 토의법에 대한 내용이 실려 있다.25) 신교육지침에는
'반성'이라는 단어가 곳곳에서 눈에 띄며 개혁을 향한 의지
가 드러나고 있다. 과거에는 개인을 국가의 일원으로 인식하
고 교육하였기에 개개인으로서의 자각이 결여되었지만, 신교
육지침에서는 개인의 자율적 주체성을 확립하는 것을 중요하
게 생각했다. 이제까지 간행되었던 교사용 자료들이 강제적
이고 억압적이었다면 신교육지침은 교사 개개인의 자주성과
자유로운 선택을 존중하였다.

전후의 민주적 교육 체제의 확립 및 교육개혁의 실천에 있
어서 가장 기본적인 의의를 가지는 것은 일본국 헌법과 교육
기본법의 제정(1947)이다. 교육기본법은 일본국 헌법의 이념
과 목적을 실현하는 데 있어 교육의 역할을 나타낸 것으로
헌법의 부속법적 성격을 가진다. 교육기본법에는 천황제 교
육에 대한 강한 반성을 토대로 평화적 국가 및 사회 형성자
의 육성이 명시되어 있다. 교육기본법의 전문에는 다음과 같
이 기술되어 있다.26)

우리들은 앞서 일본국 헌법을 확정해 민주적이고 문화적인
국가를 건설하고 세계 평화와 인류의 복지 증진에 공헌하려
는 결의를 나타낸다. 이러한 이상의 실현은 근본적으로 교육
의 힘에 기대해야 한다. 개인의 존엄을 중요시하고 진리와

25) 문부과학성(n.d). http://www.mext.go.jp/b_menu/hakusho/html/others/detail/1317738.
htm에서 2017.01.23. 인출.

26) 문부과학성(n.d) http://www.mext.go.jp/b_menu/kihon/about/a001.htm에서 2017.01.
23. 인출.

평화를 희구하는 인간의 육성을 도모한다.

'평화를 희구하는 인간의 육성'을 지향한다는 점은 세계대전에 대한 일본의 반성을 드러내고 있다(안경수, 2011: 52)고 할 수 있다. 교육기본법은 11개조에 걸쳐 새로운 교육이념과 기본원칙을 규정하였다. 교육의 목적과 교육방침, 교육의 기회균등, 의무교육, 남녀공학, 학교교육, 사회교육, 정치교육, 종교교육, 교육행정에 대한 것을 세부 내용으로 한다. 전전의 교육은 국가가 부국강병을 실현하기 위해 국민에 부과한 의무였다면 전후의 교육은 시민적 권리에 보다 중점을 두었다.

교육기본법 제1조에 보면 '평화적인 국가 및 사회의 형성자'로서 '개인의 가치를 존중'한다고 명시되어 있다. 또한 제3조에 의하면 모든 국민은 평등하게 능력에 맞는 교육을 받을 기회를 가져야 하며 인종, 신조, 성별, 사회적 신분, 경제적 지위 또는 가문 등에 의해 차별되어서는 안 된다고 밝힘으로써 교육기회의 평등을 강조하였다. 제4조에 의하면 의무교육 기간이 9년으로 연장되고, 제5조에 의하면 학교교육에 있어서 남녀공학 원칙이 확립되었다. 제8조 정치교육에서는 양식 있는 공민인에 필요한 정치적 교양을 강조하였으며, 9조에서는 종교에 대한 관용의 태도를 강조하여 학교에서의 종교적 활동을 해서는 안 된다고 밝힌다.

교육기본법은 교육칙어를 대신하는 역할을 함으로써 권위자에 의해 만들어진 칙어가 아니라 민주주의의 정신을 담아내는 법률의 형식을 취한다는 점에서 의미가 있다.

전후 일본 교육정책의 지향은 민주주의와 평화, 군국주의의 제거로 압축할 수 있다. 전후 교육개혁을 통해 일본사회의 정치와 종교를 분리하고자 했고 일본인의 사고방식과 습관에 자리 잡은 군국주의, 봉건주의적 이데올로기를 민주주의로 개혁하고자 했다.

하지만 여전히 국체 호지의 정신을 포기하지 않고 이어가고자 했다는 점, 민주 시민적 자질보다 '인격의 완성'을 교육의 목적으로 명시하는 등 도덕성을 강조한 일본 교육의 기존 양식을 유지하고 있다는 점에서 비판을 받는다.

(2) 제도적·절차적 차원

전후 일본 교육개혁의 제도적·절차적 차원을 살펴보기 위해 전후 일본 교육개혁의 주체와 담당한 관리기구의 역할, 그리고 교육개혁의 구체적인 이행 과정을 검토하고자 한다.

미국은 종전 이전부터 이미 대일 점령교육정책을 준비하기 시작했다. 미국은 일본을 직접통치 할 계획이었지만 항복 후 미국의 초기 대일 방침에 의해 간접통치로 변경되었다. 연합군 최고사령관총사령부는 산하에 민간정보교육국(民間情報敎育局)을 설치하여 교육정책을 전달, 감독, 통제하였다. 민간

정보교육국은 지방에 군정기구를 두어 상황을 감시하도록 하였다.

교육 4대 지령을 시행하기 위해 전국의 지방군정부에 지령을 내리고 지방군정관이 직접 담당 지역 내의 학교를 순시하도록 지도하여, 각 학교에서 규정을 준수하도록 철저하게 요구하였다. 전후 일본의 교육개혁은 모두 총사령부의 협의를 기쳐야 했으며 일본은 분교 정책을 임의로 전개할 수 없었다(한용진, 2010: 216).

한편 전후 교육개혁을 추진하는 문부성에도 많은 변화가 있었다. 전전의 간부 대부분이 공직에서 추방되고, 이를 대신해 학자나 문화인 출신이 주요 직책을 차지하였다. 전후 교육개혁에 정치성이 개입하는 것을 회피하려는 의도가 강했다고 볼 수 있다. 1946년 2월에는 교육개혁에 관한 의견을 모아 교육 기획안을 구상하도록 '일본교육가위원회'가 만들어졌다. 일본교육가위원회는 총사령부의 민간정보교육국의 요청에 의해 만들어졌으며, 1946년 8월 '교육쇄신위원회'로 명칭을 바꾸었다(한용진, 2010: 257).

학자와 문화인을 중심으로 구성된 교육쇄신위원회는 교육개혁 작업에 큰 영향을 미쳤다. 교육쇄신위원회는 교육에 관한 중요 사항의 조사와 심의를 하고, 내각 총리대신의 교육에 관한 중요 사항에 자문, 답신하는 역할을 하였다. 교육쇄신위원회의 보고서에 근거하여 전후 교육기본방향이 되는 「교육기본법」과 「학교교육법」이 제정되었다(片桐芳雄 외,

2011: 239). 교육쇄신위원회는 미국의 요구에 의해 만들어진 조직이었고 문부성으로부터 독립을 보장받는 기구였기 때문에 전후 교육개혁의 기본 방향은 미국의 영향에 크게 좌우되었다고 평가할 수 있을 것이다.

천황제 국가주의의 파수꾼이었던 문부성이 전후에는 '평화와 민주주의'의 수호자의 역할을 했다는 교육의 도구주의적 관점을 엿볼 수 있다. 흔히 일본의 정책 결정 과정은 주로 관료가 기획, 입안을 하고, 정당이나 이익단체와 조정해가며 정책 수립을 하는 관료주도형이라 말한다. 전전에는 내무성과 군부에 의해, 전후에는 GHQ에 의해 좌우된 일본의 교육정책은 관료주도형의 상명하달식 과정을 거친다는 점에서 전전과 전후의 연속성을 찾을 수 있을 것이다.

일본의 교육제도는 국가주의와 군국주의의 부정, 교육의 기회균등, 교육의 분권화 등 전반적으로 많은 변화를 맞이하게 되었다. 교육기본법, 학교교육법이 공포되고, 국민학교령 폐지, 6-3-3-4제, 평화적·민주적 교육이 규정되었다.

신학제에 의해 국민학교가 소학교로 개칭되고, 중학교가 발족하였다. 문부성은 학교에 있어서 일왕폐하 만세, 일왕의 신격화적 표현이 정지되었다. 학습지도요령이 작성되고 최초의 사회과 교과서, 지도서가 간행, 이어 초중학교에서 사회과의 수업이 개시되었다. 제국 대학 명칭이 폐지되고 국립종합대학이 되고 「국가공무원법」이 공포되었다. 교육쇄신위원회는 문부성을 해체하고 문화성을 설치하는 등 교육행정의 민주화를 건의하였다.

냉전과 함께 미국 점령 정책의 중점이 민주화, 비군사화에 서 반공주의로 이행하면서, 전후 교육개혁의 반동 움직임이 확산되었다. 1950년대에 들어서 전후 교육개혁 담당이 민간 에서 관으로 이행하며, 국가에 의한 교육정책의 중앙집권화 와 통제가 다시 강화되는 경향을 볼 수 있다(片桐芳雄 외, 2011: 249).

전후 초기에는 GHQ에 의해 평화와 군국주의 일소를 위한 강력한 교육개혁이 단행되는 듯 보였지만 점차 일본식 재개 혁을 목표로 보수로 회귀하려는 경향이 뚜렷하며, 이에 저항 하는 세력과 이를 통제하려는 정부의 대립이 나타났다.

3. 교육개혁 이후의 연속성

(1) 규범적·내용적 차원

제2차 세계대전의 패배는 황국신민관, 가족국가관, 팽창적 군국주의를 해체시키는 듯했다. 하지만 미군정은 천황을 새 로운 민주주의의 한가운데 앉혔다. 그들은 일본 피지배층 속 에 내재된 천황 숭배 의식을 고려하여, 격렬한 저항과 거부 를 미연에 방지하고, 간접 통치자로서 관료 기구를 효율적으 로 조종하기 위해 천황제를 유지하는 방침을 내세웠다.

천황은 헌법에 의해 일본 국민의 상징이라는 지위를 보장받고, 문화적 동질성, 인종적 순수성의 상징으로 남았다. 히로히토는 다시 신화화되고 세습적 특권을 유지하게 되었다. 이는 국민 주권을 기본으로 하는 민주주의와는 모순되는 것이었다.

미군정은 일본사회에서 천황의 전범 책임을 물어 천황을 제거하면 정부 구조는 붕괴될 것이고, 일본 민중들의 지지를 받지 못할 것이며, 총체적인 혼란이 가속화될 것이라 생각했다. 사실 점령군 당국이 히로히토(裕仁)의 퇴위를 추진했다면 이를 방해할 일본의 세력은 하나도 없었다고 한다. 하지만 점령 정책을 원활하게 수행하기 위해 천황에게 새로운 이미지를 씌워 평화와 민주주의의 상징으로 만들어내기 위한 노력을 했다. 요시다 시게루(吉田茂)는 회고록에서 맥아더를 위대한 은인이라 표현했는데 이는 일본사회에 민주주의를 이식했기 때문이 아니라, 천황 제도를 존속게 하고, 피점령국을 보호했다는 사실 때문이었다고 한다.

전후 교육개혁은 국민의 단결과 복종을 강조한 가족국가 이데올로기의 정수인 천황제를 개혁하지 못한 한계가 있다. 일본은 근대화 과정에서 야마토 민족(大和民族)이라는 정체성을 만들어냈고, 그 과정에서 천황은 가공된 정체성을 구현하는 역할을 해왔다. 일본 순혈주의와 민족주의의 상징인 천황이 오늘날까지도 유지되고 일본의 연도가 연호로 표기되는 것은 일본의 역사가 근대 이후 어떠한 단절도 겪지 않았다는 것을 보여준다.

전쟁에 비판적이었던 일부 좌파와 민중들까지도 천황을 군주, 최고 권력자와 동일시하며 민중 운동 때 천황의 권위에 호소하였다는 점은 놀랄 만하다. 일본 민중들에게 뿌리 깊게 자리 잡은 천황의 절대적 권위는 패전과 개혁의 과정을 겪으면서도 근본적으로 흔들리지 않았다.

일본의 교육은 시민교육의 측면에서 이념적 지향성이 시대적 상황 및 교육 주체들의 관계 속에서 국가주의 교육과 민주주의 교육, 국가 공민 교육과 민주 시민 교육 사이를 오가고 있다. 이러한 변화의 방향은 불행히도 국가주의 교육, 국가 공민 교육에 점점 근접해가고 있다고 평가받는다. 이러한 경향성은 전전의 사회계 교과들에서도, 전후 사회과 교육에서도 동일하게 나타나고 있는 것으로 보인다(이경호, 2007: 47-48).

그 대표적인 사례로 민주시민교육을 담당하기 위해 개혁 이후 새롭게 도입되었던 '사회과'의 변화를 살펴보기로 하자. 사회과 목표에서 민주시민의 이념 대신 일본적인 공민개념이 전면적으로 등장한다. 소학교 사회과의 목표로 "향토와 국토에 대한 애정 등을 함양", "올바른 국민적 자각을 가지고 국가와 사회의 발전에 진력하는 태도를 함양'(1955년판) 등과 같이 국가적 차원에서의 자질 육성이 강조된다.

사회과 내용 구성의 측면에서도 도입 초기 경험 중심 교육론에 입각했던 사회과가 1955년 학습지도요령의 개정에 의해 계통학습의 논리로 크게 전환한다(박남수, 2014: 77). 이

는 이전의 수신, 지리, 국사와 같은 사회계 교과목에서 강조
되었던 전통과 국가주의적 요소가 다시 부각될 수 있으며,
시민교과로서 사회과의 약화를 의미하는 것이라 볼 수 있다.

'소학교 사회과 학습지도요령'의 개정 사례를 보면, 원안에
서는 '일본의 정치는 일본국 헌법 규정에 따라 국민이 선출
한 대표에 의한 의회정치로 이루어지고 있다'라던 내용이
'일본의 헌법에 의해 천황은 국가의 상징, 국민 통합의 상징
으로서 입장에 있으며 정치는 국민이 선출한 대표에 의한 의
회정치로 이루어지고 있다'로 수정되었다(山崎政人, 1993:
27).[27] 메이지 초기 이래로 계속되어 온 천황에 대한 의미
부여는 오늘날까지 계승되었고, 제도는 변해도 그 근간에 흐
르는 민중의 의식은 지속되고 있다고 할 수 있다.

앞서 언급했듯이 문부성이 발표했던 '신일본건설 교육방
침'을 보아도 천황을 국체로 간주하고, 천황에 대한 충성의
의지를 다할 것을 강조한다. 또한 전쟁 책임을 일부 극단적
군국주의자들에게 씌움으로써 천황과 일본 국민들은 전쟁으
로부터 회피하려 했다. 군국주의, 전쟁 책임에 대한 철저한
자기반성을 갖지 못했다는 것은 교육이 역사의식을 심어주는
역할을 다하지 못했다고 평가할 수 있다.

일본의 국가교육은 여전히 인격주의, 도덕주의를 부각시킴
으로써 구성원의 자유, 권리, 비판 의식 등과 같은 민주시민으
로서의 자질 배양보다는, 국가적 질서 의식의 확립에 강조점

---

27) 이는 '안도사회과'로 불리며, 정당인에 대한 분명한 교육 내용 개입의 시초가 된다.

을 두고 있었다는 것을 알 수 있다. 인격주의는 도덕적 이상을 현실의 국가 질서 속에서 찾고 있으며 국가주의와 구별이 힘들 정도로 혼재되어 일본의 정치문화 형성에 영향을 미쳤다. 「교육기본법」 제1조를 보면 '인격의 완성'이라는 교육이념을 중심에 두고 그 밖의 사항들은 주변에 배치하는 형태로 구성하고 있다. 교육의 본래적 목적은 '인격의 완성'임을 명시하여, 이제까지의 교육을 비판하면서도 실질적으로는 민주주의적, 개인주의적, 자유주의적 가치 대신 공동체적 도덕성과 국가적 질서의식을 강조하는 것은 메이지 일본 교육을 다시 부활시킬 수 있는 여지를 남겨두려 했다[28]고 볼 수 있다.

(2) 제도적 · 절차적 차원

전후 일본의 교육정책은 명령에 복종하면 된다는 권위주의, 관료주의를 더욱 강화시켰다고 할 수 있다.[29] 물론 일본 교육의 미래를 고민하는 주체적 노력들이 없었던 것은 아니다. 교육개혁과 미군정에 대한 일본의 교육계, 일선 교사들, 학생들에 의한 반발과 갈등도 있었지만 이는 일본의 지도부에 의해 강하게 탄압되고 싹을 틔우지 못했다. 정작 일본 교육을 담당하는 지도부는 개혁 초기에는 GHQ의 명령을, 그

---

28) 2006년 개정된 「교육기본법」에서는, '전통 계승', '향토 사랑' 등의 문구가 추가되었다. 이는 일본 교육에서 공동체적 도덕성과 국가주의를 강조하는 전통적 경향이 다시 표면상으로 드러나게 된 것이라고 볼 수 있다(문부과학성(n.d). http://www. mext.go.jp에서 2017.01.23. 인출).

29) 평론가 가메이 가츠이치로(龜井勝一郎)는 점령기 일본의 교육개혁은 일본인 내면의 의식을 혁명적으로 변화시켰다기보다는 식민지 근성을 강화시켰다고 평가한다.

후에는 보수 정당의 정책을 충실히 이행하는 역할을 수행하였다.

일본 교육개혁의 제도적·과정적 한계는 민주시민성 이식의 수동성에 있다. 미국식 민주주의 교육이념과 체제는 강제적으로 부과되었고, 그 과정에서 왜곡과 변형을 겪을 수밖에 없었다. 미국의 입장에서는 일본을 개조하여 민주주의가 작동하는 서구적 법치국가로 만들고자 하는 소망이 있었다. 그들에게 일본은 인종적 동정심, 문화적 우월감, 기독교적 소명의식을 불러일으켰다(Dower, 2009).

하지만 미국의 점령 교육정책은 일본 내부의 자발적 노력이 결여된 채 너무 쉽게 수동적으로 이루어졌다. 어떤 자생적 비판의식이나 내부적 반성이 관여할 여지가 없었다.

또한 강제적 이식과정을 거치며 교육 체제의 외양만 따라갔다는 피상성의 문제가 제기된다. 개개인은 민주주의를 주어진 것으로 받아들일 뿐 민주시민성을 내면화하고 발전시키지 못했다. 민주시민성의 도달이라는 교육 목표를 가지고 민주주의에 대한 교육 내용을 학습한다고 해도, 민주주의가 사회 구성원들에게 내면화되고 사회적 실천으로 나타나는 것은 아니다. 민주적 원리가 실현되는 사회에서, 민주주의 원리가 적용되는 교육의 현장에서 성숙한 민주시민의식은 습득·체화될 수 있는 것이다.

위로부터의 민주주의 혁명은 하늘에서 떨어진 선물(Dower,

2009)로서 그저 주어지는 것이었다. 주체적으로 얻어낸 민주주의가 아니었기에 구성원의 내면에 견고히 뿌리내리지 못하였고, 성숙한 민주적 정치 문화가 발전하는 데 교육의 역할은 제한적이었다.

교육적 자유를 탄압한 것도 일본 교육개혁의 한계로 볼 수 있다. 1947년 발행된 '학습지도요령 일반 편'에 의하면 '일본의 교육은 이제까지는 대체로 위에서 정해준 것을 그대로 실행하는 상황이었으나 앞으로는 밑에서부터 모두의 힘으로 만들어가도록 되었다'라고 언급하고 있다.[30]

교육칙어와 국정교과서로 엄격하게 통제하던 전전의 교육 상황에 비하면 교육의 자유가 허용되는 듯이 보였다. 하지만 한국전쟁의 발발과 공산주의의 영향력으로부터 면역력을 키워야 한다는 긴박성과 함께 정부와 GHQ에 의한 엄격한 교과서 검열,[31] 정부의 일교조 탄압, 교사와 학생의 정치 활동 금지가 본격화되면서 교육 내용과 방법에 대한 교사의 독립성은 더 이상 보장받을 수 없게 되었다. 미국의 점령이 끝나고, 학교교육법이 개정되면서 교과서 검정권은 교육위원회에서 문부성으로 권한이 이양되는 상황에 이른다.

이 외에도 일본교육개혁의 '역코스'를 보여주는 사례는 명

---

30) 문부과학성(n.d) www. mext.go.jp에서 2017.01.23. 인출.

31) 한 예로, 1947년 게이오대의 아사이 기요시가 지은 '새헌법이야기'라는 중학교 1학년 사회 교과서에는 헌법의 요체는 국제평화주의, 민주주의, 주권 재민의 원칙이며, 전쟁 포기는 일본이 앞으로 육, 해, 공군을 보유하지 않는다는 의미라는 내용이 실려 있다. 이 교재는 1950년대 부교재로 격하되고, 1951년 교재 리스트에서 누락된다(Dower, 2009: 689).

확하다. 교원 정책에 있어서 국가 통제의 강화 역시 한 사례로 볼 수 있다. 1956년 에히메현(愛媛縣)에서는 재정 적자가 나타나자 교사 전원을 승급시킬 재원이 부족하게 되었다. 따라서 근무 평정을 통한 차별 승급이 계획되었다. 교육위원회 위원이 선거위원에서 임명위원으로 바뀐 후 교육위원회는 근무 평정의 도입을 찬성하였다.

근무 평정을 통해 차별임금제를 도입하면 교직원 조직이 분열될 것이라는 정부의 생각이었다. 정부의 계획대로 근무 평정의 실시로 교직원 조직은 약화되었고, 학교 현장에는 관리자와 피관리자의 대립관계가 형성되었다. 교사의 자율성, 독립성은 훼손되고 국가 개입은 강화될 수밖에 없었다(山崎政人, 1993: 37-40).

수신교육에 대한 향수는 도덕 시간의 특설로 나타났다. 지도층은 학교교육에서 도덕교육을 하지 않는 것, 애국심을 고취하지 않는 것에 대한 강한 불만을 가지고 교육과정의 전면적 개정을 주장하였다.

그들은 전전 학교교육의 중심이던 수신과, 교육칙어에 대한 향수를 가지고 있었다. 이는 재군비 움직임과 함께 더욱 거세졌다. 교육심의회 의원 아마노 데이유(天野貞祐)는 학교 행사에 국기를 걸고 국가를 제창하는 것은 바람직하다며 수신과를 신설하고 싶다고 언급했다. 마쓰나가(松永) 문부대신은 기자회견에서 "도덕교육은 절대로 필요하고, 애국심을 심

어주는 수신 교육이 필요하다"라고 주장했고, 1958년 학습지
도요령이 개정32)되어 도덕 시간이 특설되었다(山崎政人,
1993: 43-48).

이처럼 전후 일본의 교육개혁은 자생적 발전이 아닌 강제
적 이식이란 점에서 수동성과 피상성의 한계가 있다고 할 수
있다. 또한 자유가 억압된 상황에서 민주주의를 위한 교육
주체들의 자발적인 노력은 싹틀 수 없었다. '주입, 이식'이라
는 방식을 통해 민주주의 원리와 가치가 학습자들에게 내면
화되기를 바라는 것은 어불성설일 것이다. GHQ와 일본 정
부는 전후 교육개혁의 기치로 민주주의를 내걸었지만 권위적
방식으로 단시간에 이식된 민주화를 시도했다고 할 수 있다.

패전 이전 천황에 대한 예종적 태도는 민중의식에 뿌리 깊
게 자리 잡았고, 누구나 미풍양속을 지키고 따르는 것은 당
연했으며, 이러한 순응적 태도는 민주화라는 새로운 개념을
받아들이기에도 무리가 없었다. 천황에게 바쳤던 애정은 이
제 미군정에 옮겨졌으며, 일본인들은 경의와 복종을 표하며
위로부터의 교육개혁을 받아들인다.

민주주의는 유행처럼 번지게 되고, 오랫동안 학습되어 온
의존적 심리는 가부장적 천황제에서 국가주의와 군국주의를
수용했던 것처럼 민주주의를 수용하게 만들었다. 교육 내용
어디에도 명시된 바 없지만 시민들은 권위를 받아들이도록,

---

32) 학습지도요령은 이전에는 시안으로 교사의 지침이었으나 이제는 문부성 고시로 관보에
등재되고 법적 구속력을 가지게 됨으로써 국가가 제시한 명확한 기준이 되었다.

미국의 것을 추종하도록 재사회화되었다. 이런 맥락에서 실제 시민들의 삶 속에서 교육과 학교가 민주적 원리를 체화하는 터전으로 개혁되기보다는 권위주의적 사고방식과 집단적 순응주의를 내면화하는 공간이 되었다는 점에서 전전과의 연속성을 찾을 수 있을 것이다.

패전 이후 GHQ는 일본의 민주화와 평화화를 달성하기 위해 천황 중심 교육제도의 전면적 개혁을 시도하였다. 교육 내용에서 군국주의 금지, 민주주의 교원의 복귀, 신토이즘의 국가 지원이나 포교를 금지, 수신, 일본역사, 지리 수업을 정지하여 국가주의 교육을 개선하려 하였다.

이로써 일본 교육은 민주주의와 자유주의 및 기회 균등에 의한 교육 기본 방침을 마련하게 되고, 지방분권화의 교육 행정을 갖추게 된다. 6-3-3-4의 단선형 학제가 생기고, 의무 취학제도가 발족함으로써 일본의 학교교육은 민주화와 자유화의 체계를 상당 부분 갖추고 양적 팽창을 이룩하였다고 평가할 수 있다.

하지만 한국전쟁의 발발과 함께 냉전의 기류 속에 반공주의를 내세운 일본의 보수 세력은 힘을 얻고 교육계와 결탁하여, 민주화, 평화화를 외쳤던 전후 교육개혁은 다시 보수주의로 회귀하기 시작했다. 보수 세력은 평화와 민주주의, 교육의 기회 균등, 교육 행정의 지방분권 등을 바탕으로 하는 전후

교육을 부인하고 개혁의 대상으로 삼았다. 보수 세력 주장의 일관된 배경은 내셔널리즘이었다.[33]

하토야마(鳩山) 정권은 교육의 정치적 중립과 정치적 활동 제한에 관한 법률 가결, 교육기본법 개정 검토, 교과서 법안 제출, 지방교육행정조직 및 운영에 관한 법률 가결, 교육위원 임명제의 도입, 학습지도요령 법적 구속력의 부여, 도덕 시간 설치, 교과서 검정 강화, 전국 일제 학력 테스트 실시의 개시 등 전전으로 회귀한 교육정책(山崎政人, 1993: 17-48)을 보여주었다.

이러한 정책에는 내셔널리즘의 부활이라는 공통점이 있다. 학교와 교육에 대한 국가의 통제를 강화하고, 학생들에게 무엇을 가르칠 것인지를 장악하고자 했던 보수 세력의 교육정책은 교사들의 자발적인 교육활동을 제한했고, 일본 교육계를 위축시키는 결과를 초래하였다.

GHQ의 점령이 끝나고 교육정책은 문부성 주도의 "일본화 교육"으로 회귀하였다. 일본 문무성과 보수정당은 점령정책을 수정하기 위한 교육 쇄신을 부르짖으며 직·간접적으로 도덕교육과 국가의 부활을 내세워 일본인으로서 자각을 강조하였다.

---

33) 국가에 의한 중앙집권화와 통제가 강화되는 과정을 살펴보면, 1954년에는 교육이 법의 가결로 교육의 정치적 중립과 정치적 활동이 제한되었다. 1956년에는 임명제 교육위원회법안, 교과서 국정화 법안 등이 제출되었고, 교육위원 임명제가 도입되었다. 1957년에는 교원 근무평정이 전국화되어 도입되었으며, 1958년에는 학습지도요령의 법적 구속력이 부여되고 도덕 시간이 설치되었으며 교과서 검정이 강화되었다. 1961년에는 전국 일제학력테스트가 실시되었다(片桐芳雄 외, 2011: 249-250).

천황제가 유지되는 상황에서 전쟁 책임에 대한 반성 없이 피상적으로 새로운 체제를 받아들인 일본은 '민주화와 평화화'를 시도했지만, 자발적 의지와 민주적 토대가 취약한 상황에서 단기간에 보수주의로 회귀하는 경향으로 나타나게 되었다고 할 수 있다.

근대 메이지 일본의 교육개혁은 국가에 대한 정통성과 천황에 대한 무조건적인 충성을 강조하며 지지하도록 교화하고자 하였다. 자국이 다른 나라보다 내적으로 우월하다는 신념을 심어주고, 국가 내의 결함과 사회적 부조화에 대해서는 눈을 감는 순응적 신민을 만들고자 하였다. 체제의 안정을 깨는 반대자나 위협적 비판자는 용인할 수 없었다. 순응적 구성원 양성은 메이지 일본이 점차 자성과 비판의 힘을 잃고, 전체주의, 팽창주의, 군국주의 전쟁으로 치닫는 데 힘을 실어주었다고 볼 수 있을 것이다.

전후 일본의 교육개혁은 일본적 전통 속에 내재하고 있는 권위적 국가주의의 틀을 완전히 뿌리 뽑지 못하였다. 교육을 통해 보다 주체적이고 성숙한 민주주의 사회로 이행하려는 지향은 있었으나 한계가 있었다. 전후 교육개혁으로 인해 서양식 교육 구조의 변형은 이루었지만 민주주의와 평화 지향의 내적 뿌리내림에 이르기까지 충분한 시간을 갖지 못한 채, 냉전이라는 배경하에 역코스가 진행되었다.

오늘날 일본은 평화헌법의 개헌을 통해 전후 체제로부터의 탈각을 시도하며 교육에 있어서도 국가주의를 강화하는 움직임을 보이며 주변국과의 마찰을 일으키고 있다. 1999년에는 국기 및 국가에 관한 법률이 제정되고, 내셔널리즘에 기초한 역사연구를 지향하는 새역모(새로운 역사 교과서를 만드는 모임)의 일본문화, 일본 전통 회복의 주장, 역사 왜곡으로 이웃 국가들의 원성을 듣기도 한다. 2006년 개정된 일본의 교육기본법은 전전의 국가권력, 국가교육에 대한 반성이나 '평화'에 대한 언급이 누락되어 있다는 점은 우려할 만하다.[34) 교육기본법의 개정과 교과서 분쟁의 본질은 일본이 사실상 전쟁을 할 수 있는 교육을 실시하겠다는 발상을 뜻한다(高橋哲哉 외, 2005).

국가통합의 과제를 수행하기 위한 국가교육은 필요성이 분명하지만, 개인의 존엄성, 자유, 인권, 평화 등의 민주주의 사회의 보편적 가치와 원리를 침해하는 국가주의로 표출될 때 문제가 될 수 있다. 여전히 영토갈등, 군비경쟁, 역사분쟁 등 평화를 위협하는 갈등에 노출되어 있는 동아시아가 과거의 비극적 역사를 되풀이하지 않고 평화의 공동체로 나아가기 위해서는 자유, 평화, 인권, 정의 등 보편적 가치를 강조하는 시민교육에 대한 성찰이 요구된다.

---

34) 현대적 일본 교육의 시작점인 전후「교육기본법」에는 세계대전에 대한 반성과 일본의 재건에 대한 의지가 반영되어 있지만, 2006 개정 교육기본법에는 경제 강국으로서 일본의 자부심이 담겨 있으며, '평화를 희구하는 인간'이라는 언급이 전문에서 빠져 있다 (안경수, 2011: 49-67).

제4장

일본의 글로벌교육

1. 일본 글로벌교육의 전개

근대 이후로 국제사회는 국민국가를 기반으로 형성되어 왔고 전통적인 국민국가가 모든 사회 시스템의 오랜 주체가 되어왔다. 백년지대계라는 교육 또한 국가가 주도하여 이루어지며, 특히 일본과 같은 경우에는 메이지 유신 이후의 근대적 교육제도가 제국주의의 황국신민을 만들어내 주체한 국민교육으로 출발했다고 보아도 과언이 아니라고 할 수 있다. 3장에서 살펴본 바와 같이 전후 일본의 교육개혁은 그 한계도 분명히 있었지만, 일본 정부는 여러 차례의 교육개혁을 거치며 글로벌 시대에 능동적으로 대처하고자 노력하였다.

그렇다면 전후 일본이 글로벌 사회에 대응하기 위한 교육적 대처를 광범위하게 살펴보도록 하자. 전후 GHQ의 교육개혁에 따라 구성되었던 '교육쇄신위원회'는 문부성이 내각의 승인을 얻어 임명한 20명의 높은 식견을 가진 전문인으로 구성된 '중앙교육심의회'로 바뀌었다. 이러한 중앙교육심의회는 교육, 문화 등 넓은 범위에 걸쳐 조사, 심의, 건의 등을 행하며, 글로벌 사회를 향한 새로운 일본 교육을 위해 여러 가지 활약을 하였다.

중앙교육심의회는 1984년 임시교육심의회가 발족되기까지 27회의 답신을 하는 등 큰 활약을 보였으며 각 분야의 심의회와의 협조를 통하여 여러 가지 측면의 교육개혁을 진행하였다. 교육개혁의 일환으로 평생에 걸친 학습기회를 정비하고 학습지도요령을 고시하여 초중등 교육을 개혁하였다.

특히 교육에 있어서 국제 교류를 중시하기 시작하였다. 학술 발전을 위해 연구자 교류 및 다양한 국제 연구를 추진하게 되었다. 많은 유학생을 유치하기 위해 대학의 교육 지도 체제를 충실히 하고, 사비 유학생에 대한 지원 체제를 강화하는 등 유학생을 위한 정부 차원의 유학생 지원이 확대되었다.

그리고 지구촌 시대를 살아갈 수 있는 세계인을 육성하기 위해 외국어교육을 강조하였다. 정부 차원에서 외국어교육의 개선에 힘을 쓰고, 지방공공단체 등과 제휴하여 외국 청년의 초청과 유치를 확충하는 등 교육의 국제화를 위한 다양한 제도를 도입하였다(홍현길, 1998: 362-385).

이러한 노력이 있었기에 일본 교육은 제도나 체제 등 외적인 측면에서 글로벌화에 한 걸음 다가설 수 있었다. 또한 내용적 측면에 있어서도 일찍부터 국제이해교육에 대한 연구가 충실히 지속되어 왔기에 그 성과가 축적되었고, 나아가 글로벌교육에 대한 연구로 진행·발전될 수 있었다.

이번 장에서는 전후 일본의 교육 국제화를 위한 노력에서 부터 국제이해교육의 발전, 글로벌교육으로의 통합에 이르기 까지 전개 과정을 구체적으로 살펴보고자 한다.

일본사회에서 국제화를 강조하며 교육에 있어서 본격적으로 국제 교류를 확대하며 국제이해교육을 강조하기 시작한 1970년대를 글로벌교육의 성립기로, 전 세계적으로 평화에 대한 바람이 강해지며 만들어진 국제연합 헌장과 유네스코 헌장, 세계인권선언 등을 반영하며 국제이해교육이 발전하게 된 1980년대를 글로벌교육의 전환기로, 그리고 국제이해교육 의 한계를 보완하고 전 지구적 관점을 기르는 글로벌교육에 대한 연구가 활발히 진행된 1990년대부터 오늘날까지를 글로벌교육의 발전기로 구분하여 논의를 전개하고자 한다.

(1) 글로벌교육의 성립기(1970년대)

일본에서 국제화라는 말은 매스컴에 1960년대부터 사용되 었는데 최초로 공식적으로 사용된 것은 1968년의 일본 정부 가 발표한 경제 백서 '국제화 중의 일본'에서였다. 일본에서 '국제화'라는 개념은 경제성장에 따른 확장된 세계와의 관계 를 설정하기 위해 도입하기 시작하였다고 할 수 있다.

고도의 경제 발전을 이룩하게 된 1970년대에 일본에서는 경제적 필요에 의해 '국제화'에 대응하기 위한 교육이 강조되었다고 할 수 있다. 이렇게 발생한 국제화에 대한 관심은 국제이해교육의 형태로 일본 교육의 중요한 한 축으로 강조되기 시작한다.

이 시기의 국제이해교육은 '국제사회에서 살아가는 일본인'의 육성을 목적으로 하였다. 타국 이해를 위한 이문화 이해, 이문화 커뮤니케이션을 위한 외국어 학습에 초점이 맞춰졌고, 특히 국제 교류는 중요한 활동으로 자리매김하게 되었다.

여기서 '국제화'는 국가 간의 접촉과 교류가 확대되는 세계적 상황에서 일본이 어떻게 자국의 문화적 정체성을 잃지 않는가에 초점이 맞춰져 있다고 할 수 있다.

일본사회의 국제화가 진전을 보임과 동시에 교육 목표 역시 보다 다양화되고 질적으로도 성장해나갈 수 있었다. 이에 적극적으로 대처하기 위해 일본 정부는 1972년 국제문화교류기관인 '국제교류기금'을 설립하였다. 여기서 국제 문화 교류 행동 계획이 본격적으로 결정되었다. 이 사업은 정부 주도의 국제 문화 교류로서 문화 소개, 일본어 교육, 일본에 대한 연구 조성, 인물 교류, 국제이해교육, 유학생 교류, 기술협력, 지역의 국제화 등을 계획하고 추진하였다.

이러한 정부 주도의 문화 교류 사업과 함께 국제이해교육을 추진하는 문부성에서는 JET 계획을 실시하고, 각 학교에서 국제이해교육을 추진하였다. 이뿐만 아니라 국제이해교육과 관련된 각종 조사 연구 실시, 외국인 자녀들의 학교 입학, 영어담당 교원의 연수, 외국인 교사의 초빙, 귀국 자녀 교육의 충실 등 다양한 정책을 추진하였다.

한편 1971년에는 OECD교육조사단으로부터 일본 교육에의 4가지 제언을 받게 된다. 이 제언을 받고 고등교육의 국제화를 향한 움직임이 출발하게 되었는데 그 구체적인 내용은 외국어교육의 개선, 외국 유학의 정식 인정, 외국인에게 일본 교육 기관의 개방, 세계성을 함양한 인재의 육성이다 (宇田川晴義, 1997: 135-150).

위의 4가지 제언을 받고 중앙교육심의회는 1974년 5월 [교육, 학술, 문화를 향한 국제 교류에 대해]라는 답신서를 보낸다. 여기에는 대학의 국제적 역할과 국제이해를 위한 교육 연구, 학생과 교사의 국제 교류를 추진한다는 내용이 담겨 있다(宇田川晴義, 2008: 14). 일본의 국제화에 대한 열망과 1970년대 일본의 국제화 초창기의 사고방식이 잘 드러난다고 할 수 있다.

답신서의 내용을 구체적으로 살펴보면 무엇보다도 국제이해와 협조의 정신을 가지고, 국제사회에 대한 신뢰, 존경을 가진 일본인을 육성하는 데 적극적으로 몰두함과 동시에 상호 연대 발전 향상의 교육 학술 문화에 대한 국제 교류 활동을 국내에서도 개선하고 확대해야 한다는 내용이 기록되어 있다. 답신에서는 국제이해교육과 커뮤니케이션 수단으로서의 외국어교육, 국제적으로 열린 대학이라는 세 가지 제안을 제시하였다.

1976년 교육과정심의회는 이 답신서의 내용을 받아들여 가족과 향토, 조국을 사랑하면서 동시에 국제사회 안에서 신뢰와 존경을 얻는 일본인을 육성하고자 하였다. 가족과 향토, 조국을 사랑함을 강조한 점에서 국가에 초점이 맞추어진 국가 지향적(national interest) 방향성을 엿볼 수 있다. 이 시기에는 일본의 경제 발전의 원동력이 되는 국제적 인재를 육성한다는 과제가 주어졌다. 이때부터 일본형 국제이해교육이라고 할 수 있는 독자적인 형태의 국제이해교육이 추진되어 왔는데 이러한 기본적인 입장은 오늘날까지도 계승되고 있다.

국가 간, 민족 간, 문화 간의 이질성에 초점을 두고 문화적 접근을 중심으로 하는 국제이해교육은 타자, 타문화, 타민족과 자신과 자기 민족을 구분 짓게 한다. 따라서 당연히 다른 점을 먼저 의식하게 되고 자기 확인을 하게 됨으로써 한계가 있다고 할 수 있다. 이 시기의 국제이해교육은 타국과의 경계를 분명히 하고 자국과 타국의 다른 점에 보다 초점을 맞춰 일본의 특수성을 강조하는 자국 중심의 개념에 머물러 있다고 할 수 있다.

1970년대는 일본 중심의 관점에서 세계를 보고 자국의 이익을 위한 국제화라는 발상에서 벗어나지 못하였다고 할 수 있다. 당시 일본의 정황에서는 교육의 국제화가 국가의 경제

발전의 중요한 열쇠였다. 따라서 당시에 강조하였던 국제이해교육은 일본을 중심으로 한 이문화 이해에 그칠 뿐, 근본적으로 오늘날 이야기하는 글로벌교육과는 성격이 조금 다르다고 할 수 있다.

(2) 글로벌교육의 전환기(1980년대)

1980년대에 들어서면서 일본의 국제화는 더욱더 급속한 진전을 보이게 되었고, 특히 눈부신 경제성장을 이어가기 위해 국제적 인재 양성은 필수 불가결한 요소가 되었다. 국제사회에서 활동하는 일본인의 육성이라는 과제는 과거 OECD 교육조사단의 4제언의 하나였던 세계성을 함양한 인재의 육성이라는 국제사회로부터의 요청이기도 했다.

일본 유네스코 국제위원회는 제18회 파리 대회에 채택된 '국제이해, 국제협력 그리고 국제평화를 위한 교육, 인권, 기본적 자유에 관한 교육'의 7항목을 다음과 같이 권고하였다 (宇田川晴義, 2008: 15).

1. 모든 단계 및 형태의 교육에 국제적 측면과 시점을 갖게 할 것이다.
2. 국내의 민속 문화와 타민족의 문화를 포함한 모든 국민 및 문화, 문명, 가치와 생활양식을 이해하고 존중한다.
3. 제 국민, 제 민족 간의 세계적 상호 의존 관계가 확대되

고 있는 것을 인식한다.

4. 다른 사람들과의 커뮤니케이션 능력을 갖는다.

5. 개인, 사회 집단 및 국가에는 각 상호 간의 권리뿐만 아니라 의무가 있다는 것을 인식한다.

6. 국제적 연대 및 협력의 필요성을 이해한다.

7. 개인이 속한 사회, 국가 및 세계 전체의 여러 가지 문제 해결에 참가를 대비한다.

이것을 받아 1982년에는 '국제이해교육의 길잡이'를 작성하였다(宇田川晴義, 2008: 15). 그 구체적인 항목은 평화적 인간의 육성, 인권 의식의 함양, 자국 인식과 국민적 자각의 함양, 타국과 타민족 및 타문화 이해의 증진, 국제적 상호 의존 관계와 세계 공통 주요 과제의 인식에 기초한 세계 연대 의식 형성, 국제협조와 국제협력의 실천적 태도의 양성이다. 이를 통해 이 시기에는 다른 문화를 지닌 사람들과 어떻게 함께 살아갈 것인가가 사회적 과제로 대두되고 있음을 알 수 있다. 또한 평화, 인권 의식에 대한 인식이 반영되어 있음을 알 수 있다. 타민족과 타문화의 이해를 강조함과 동시에 자국 인식과 국민적 자각의 함양을 강조하고 있다는 것이 특징적이다. 그리고 상호 의존 관계나 세계 공통 주요 과제를 언급하고 있다는 점에서 여전히 자국 중심적인 목표의 국제이해교육에 글로벌 관점이 반영되어 있다고 할 수 있다.

이 시기에는 일본의 교육 시스템을 다른 시스템과 접촉시키고 교류하며, 차이를 인식하고 이해와 조정의 과정을 통해 시스템 상호 간의 공통항을 증가시키려는 노력을 하고 있다고 볼 수 있다. 그 예로 대학 국제 교류의 외적인 모습을 보아도 한정된 규모이지만 어느 정도까지 외국 대학과의 활발한 교류를 실현하기 위한 노력이 지속되어 그 성과가 축적되었다.

1986년의 임시교육심의회의 교육개혁에 관계한 제2차 답신에서는 국제사회를 살아가는 것은 결국 인간과 인간의 교류, 마음을 깊이 통하는 것이라고 생각하였다. 교육에 있어서도 그 대응이 중요해졌는데 이를 위해서 단순히 기술적인 대응뿐만 아니라 인적인 교류를 지렛대 삼아 일본 교육의 본질까지 꾀할 필요가 있었다.

1987년 4월의 임시교육심의회의 제3차 답신에서는 교육재편성의 기본방침을 제시하고 국제화 교육 목적으로서 다음의 4개 항목을 제언하고 있다(宇田川晴義, 2008: 17).

첫째, 다른 것에 대한 관심과 관용, 둘째, 국경을 초월한 인재의 육성, 셋째, 커뮤니케이션에 도움이 되는 언어 교육, 넷째, 주체성 확립과 상대화가 구체적인 내용이다.

1987년 8월 최종 답신에서는 국제화와 관련된 내용을 6개 항목으로 집약하였다(宇田川晴義, 2008: 16). 그 내용은 귀국 자녀·해외 자녀 교육에의 대응과 국제적으로 열린 학교, 유학생의 입학 제도의 정비·충실, 외국어교육의 재검토, 일본어 교육의 충실, 국제적 시야에서 본 고등교육의 자세, 주체성의 확립과 상대화이다.

1987년 8월의 최종 답신에서는 새로운 시대에는 따라잡기형 근대화 시대의 국제화와는 달리 전 인류적, 지구적 시점에서 인류 평화와 번영에 공헌하고 국제사회의 일원으로서 책임을 다해야 한다고 진술하고 있다. 일본 교육을 넓게 개방하고, 다른 것에 대한 관심과 관용을 가질 것을 강조하게 되었다. 이제는 제도적 측면의 정비뿐만 아니라 내면적 변화의 필요성이 대두되었다고 할 수 있다.

1980년대 후반에는 세계적으로 공통된 문제의 심각성을 많은 사람들이 인식하게 된다. 이러한 문제의 해결을 위한 자각이 높아져 개발 교육 및 환경 교육, 세계화 교육 등의 교육이 교사들에 의해 자발적으로 이루어지게 되었다.

일본인으로서 국가를 사랑하는 마음을 지님과 동시에 자국의 이해관계에 따라 사건을 판단하지 않고 보다 넓은 국제적·지구적·인류적 시야를 중심으로 인격 형성을 추구하는 기본을 세울 필요가 있다고 글로벌교육 관점의 변혁을 주장하게 되었다.

이러한 목소리가 높아지면서 1980년대에는 일본 글로벌교육 연구가 진행되기 시작하였다. 1979년 大野連太郎과 木通口信也는 '커리큘럼 구성의 오늘날 과제-글로벌교육과 사회

과(カリキュラムの構成の今日的課題-グローバルエデュケーションと社会科)'에서 미국에서 전개되어 온 글로벌교육을 취급하였다.

일본의 글로벌교육은 주로 James M. Becker, Robert Leetsma, Lee. F. Anderson 등 미국 학자들의 이론을 소개하는 것으로 시작하였다(魚住忠久, 2003: 28). 大野는 1980년에 '사회과 글로벌교육'을 저술하였고, 타국 이해를 중심으로 한 국제이해교육을 초월하여 전 지구적, 전 인류적 입장에서 문제의 본질과 해결책을 추구하는 글로벌교육이 필요하다고 설명했다.

1983년 8월에는 사회과교육연구센터에 의해 '글로벌교육과 탐구적 사회과 학습방법을 고찰하자'라는 주제로 전국연구대회가 개최되었다. 또한 1984년에는 '사회과교육' 2월호에서 '오늘날 어떤 사회 인식을 길러야 하나'라는 주제가 특집으로 다루어지고, 글로벌교육과 관계한 심포지엄이 열리는 등 각종 연구 실천성과가 명확해지기 시작하였다.

1984년 치바현에서는 일본 최초로 공개 연구발표회가 열려 글로벌교육의 목표와 내용, 커리큘럼, 구조, 학습 방법 등에 대해 실천 성과를 제시하였고, '열린 사회과 교육을 추구하며-글로벌교육에의 도전'이 발간되었다.

1985년 10월에는 일본사회과교육학회 연차대회가 열려 '글로벌교육의 가능성과 전망'이라는 테마를 설정하여 이론과 실천의 양면에서 글로벌교육을 검토하였다. 또한 전국사회과교육학회는 1987년 10월 연구대회에서 '국제적 시야와 공민교육의 실천'이라는 테마로 글로벌교육을 위한 커리큘럼을 구성하고 수업 실천화가 논의되었다. 1989년 8월 사회과교육학전국대회가 열려 '국제이해를 깊게 하는 사회과교육'이 테마가 되어 글로벌교육의 사회과 도입·전개와 그 과제가 논의되었다.

한편 글로벌교육의 연구와 실천이라는 과제는 각지의 학회에서도 널리 논의되었다. '나고야정경사교육연구회(名古屋政經社敎育硏究會)'에서는 1987년부터 3년 동안 '국제이해를 깊게 하는 사회과 지도-글로벌교육의 관점과 사고방식을 취급하여'라는 수업을 구성하고 그 성과를 매년 '연구집록'에 모아왔다.

1988년 11월에는 아이치현 春日井市立南城中學校가 '국제성 풍부한 학생 육성을 목표하여'라는 테마를 가지고 글로벌교육을 도입한 '글로벌 타임'을 실천성과로 공개하였다(魚住忠久, 2003: 28-29).

이렇게 일본의 글로벌교육은 자민족, 자국민 중심의 발상에서 벗어나서 보다 넓은 국제적인 시각으로 열린 다민족, 다문화가 합류한 공생 사회를 꾀하기 위한 교육으로 나아갔다. 경제 사회적 국제화의 조류, 지구 환경문제의 심각화, 그리고 교육 국제화를 반영한 학습지도요령(1989년 3월)의 영향으로 종래의 국제이해교육의 한계를 보충하고 확장시키는 방향으로 글로벌교육의 연구와 실천이 새롭게 전개되었다.

(3) 글로벌교육의 발전기(1990년대-현재)

1990년대에 들어서면서 일본형 글로벌교육에 변화가 나타나는데, 인권 존중, 인간 이해, 세계의 상호 관계, 환경, 개발, 평화 등의 글로벌적 제 문제들이 새로운 과제로 대두되었다. 1994년 10월 주네브에서 환경문제 44회 IEC [정부간국제교육회의]는 1974년 유네스코 [국제교육] 권고의 내용을 재검토하고, 이 교육의 새로운 방향으로서 평화, 인권, 민주주의에 대하여 새로운 개념을 도입하고, 국제적으로 종래의 국제이해교육에서 발상의 한계가 있음을 지적하고 있다(宇田川晴義, 2008: 19).

과거에는 '글로벌 시대를 살아가는 인재 양성'이라는 시대적·사회적 요청에 대응하는 것이 국제화 교육 목적이 되는 것처럼 보였다. 이러한 국제화의 교육 내용은 경제적 이익을 추구하기 위한 커리큘럼이었다.

따라서 평화와 문화가 내포되어 있는 보편적 가치와 행동 유형을 발전시켜 인류 공영을 실현할 수 있는 세계시민의 자질을 기르기 위함과는 거리가 있었다. 이제는 국가 간 인간의 교류를 위한 국제화를 초월하여 지구 전체를 서로 유기적으로 연결되어 있는 글로벌 시스템으로 인식하여, 인간과 인간의 교류, 그리고 자연환경과 인간의 교류를 중요시하고 글로벌 차원의 문제에 관심을 가질 것이 요구되었다고 할 수 있다.

학습지도요령(1989년 3월)의 중점 시책이 된 국제이해교육은 종래의 이문화, 타문화 이해를 중심으로 하는 국제화에서, 경제사회의 글로벌화, 지구 환경문제의 심각화를 배경으로 하는 글로벌화로 문제의 관점이 이행하고 있다. 즉 국가 사이의 교류를 위한 '국제화'의 차원에서, 환경, 개발, 인권, 평화 등을 강조하며 글로벌 문제 해결 차원의 교류로 그 내용이 크게 변화하고 있음을 알 수 있다.

1990년대에는 이처럼 국가 차원에서 국제사회를 살아가는 공민의 육성이 강조되고 국제이해교육이 심화·확충하는 방향으로 글로벌교육의 도입이 이루어졌다. 물론 '글로벌교육'이라는 용어보다는 '국제이해교육'이라는 용어가 넓게 사용되고 있다(浅野誠, 2002: 9). 하지만 국제이해교육의 한계를 지적하는 목소리가 높아지고 국가의 경계를 초월한 교육을 추구하기 위해 글로벌교육을 연구하고 실천하려는 움직임이 커질 수 있었다.

1992년에 열린 일본사회과교육학회 및 전국 사회과교육학회 합동 연구대회에서 '글로벌 시대의 사회과 교육을 어떻게 창조할 것인가'라는 주제로 글로벌교육에 대한 다면적 검토가 이루어졌다. 이때부터는 글로벌교육 커리큘럼의 개발이나 수업 실천화가 사회과 이외의 영어과, 국어과에서도 시도되었고 총합학습의 형태로 진행되기 시작하였다(魚住忠久, 2003: 32). 글로벌교육에 대한 공개연구수업이나 실천사례발표도 많아지며 글로벌교육에 대한 인식이 넓어졌다.

1993년 8월에는 동경 메구로 국립교육연구소에서 '일본글로벌교육연구회'의 설립총회가 열려 제1회 연구회가 개최되었다. 여기서는 글로벌교육은 이질과 공존, 인류사를 함께 형성해가는 정신의 개발, 자국·자민족 중심 사고와 행동의 극복, 지구 이익의 관점에서 자각과 책임을 갖고 연대와 협력을 추구하자로 규정했다. 또한 문제 해결에 초점을 맞춘 글로벌 시티즌을 육성하는 교육으로서 국제이해교육, 이문화교육, 환경교육 등 제 영역을 포함하는 교육으로 규정하였다(魚住忠久, 2003: 33).

이러한 글로벌교육의 이론과 실천의 양면을 연구하고 발전시켜 보급하자는 목적으로 설립되었다. 1997년 이 연구회는 '일본글로벌교육학회(Japan Association of Global Education)'로 발전하여 오늘날까지 이르고 있다.

21세기에 들어서면서 일본의 교육은 여러 가지 변화를 추구하였는데 '살아가는 힘'을 강조하고 '총합학습' 시간을 개설한 것이 큰 특징이다. '살아가는 힘'은 인권 존중이나 타인에 대한 배려, 함께 어울려 살아가는 마음, 스스로 생각하고 스스로 과제를 발견하여 문제를 해결해나갈 수 있는 힘이다.

그리고 '총합학습'이란 교과의 틀을 넘어선 문제나 테마 중심의 학습으로서 이러한 학습을 통해 '살아가는 힘'을 기르도록 하고 있다.

학교 현장에서 총합학습을 어떻게 실시할 것인가는 전적으로 학교와 교사의 재량권에 달려 있지만, 특히 강조되고 있는 학습 테마는 '국제이해교육'이나 '환경', '인권', '개발' 등 글로벌교육 내용을 다루고 있다는 점이 주목할 만하다. 실제로 총합학습이 도입되면서 글로벌교육을 실시하는 학교가 늘고 있고, 전국 376개 초중고교를 대상으로 실시한 조사를 보면 총합학습 시간에 다루고 싶은 주제에 대해 29.7퍼센트가 국제이해교육을 꼽아 지역학습, 환경학습에 이어 세 번째를 차지하고 있다(多田孝志, 2002).

또한 2006년도 문부과학성 개정안에서는 '여유와 자율'을 강조하며 미래지향적인 교육 내용을 본격화하였다. 그 핵심적인 방향은 마음 교육의 충실, 개성의 신장, 학교 현장의 주체성, 대학 개혁이다. 지식만을 주입하는 교육에서 탈피하여 학교 스스로의 책임 아래 주체적인 학교 운영을 실시하고 현장의 자주성을 발휘하자는 취지였다. 이러한 교육 방향을 준수하여 교육 경쟁력을 유지하고, 개성 있고 능력 있는 우수한 인재를 발굴하고 지원하여 미래지향적인 교육 개선을 도모하고자 하였다.

2006년 새롭게 교육기본법에 의해 진행된 교육 진흥 기본

계획에서는 향후 10년간 일본 교육의 종합적인 계획에 대해 구체적으로 밝히고 있다. 그 내용을 살펴보면 의무교육기간인 중학교 과정까지 모든 학습자가 스스로 사회에서 살아갈 수 있는 기초를 다지도록 교육의 질을 높이고 사회 전체가 아동 교육 육성에 힘을 모아야 한다는 것이다. 그리고 사회를 지탱하고 발전시킴과 동시에 더불어 국제사회를 리드할 수 있는 인재의 육성을 목표로 하고 있다.

이처럼 일본의 글로벌교육을 위한 노력은 제도적 측면에서부터 사회 구성원 개개인의 내적인 인식의 전환에 이르기까지 다방면으로 지속되어 오늘날까지 그 성과를 보여왔다. 이제는 경제성장 및 국력 신장에 역점을 둔 글로벌화가 아니라 함께 사는 세상을 만들기 위한 글로벌교육에 한 걸음씩 다가가고 있다고 할 수 있다. 학습자에게 얼마나 글로벌 시민 의식과 자질을 깊이 뿌리내리도록 할 수 있는가가 앞으로의 과제라고 할 수 있겠다.

2. 일본 글로벌교육의 기본 내용

지금까지 일본의 글로벌교육을 1970년대부터 오늘날에 이르기까지 성립기, 전환기, 발전기 세 단계로 구분하여 각 시기의 전개 과정을 살펴보았다. 일본의 글로벌교육은 외형적으로 교육 국제화를 위한 발걸음으로부터 시작하였다. 첫째,

성립기의 일본은 '국제사회를 살아가는 일본인'의 육성을 목적으로 하였다. 따라서 외국어교육이나 세계성의 함양, 국가 지향적인 국제이해교육이 강조되었다. 무엇보다도 '국제 교류'를 강조하여 교사, 학생, 문화, 교육제도, 기술 등의 국제 교류가 국가 주도로 활발하게 이루어진 것이 특징적이다.

둘째, 전환기에 들어서면서 타문화의 이해를 강조하며 국제이해교육에 대한 연구가 발전하였다. 자국 인식의 자각이 강조되면서 동시에 국제협조, 국제협력의 태도가 강조되었다. 이전에 강조하던 외국어교육은 다른 사람들과의 커뮤니케이션 능력으로 강조점이 변하였다. 또한 평화, 인권, 환경 등 세계 문제에 대한 관심이 높아지며 상호 의존성에 관심을 갖고 글로벌교육 연구가 진행되기 시작했다.

셋째, 발전기는 인권, 환경, 개발, 평화 등 글로벌 이슈에 대한 사람들의 관심이 차츰 많아졌다. 종래의 자국 중심의 국제이해를 초월하여 지구를 글로벌 시스템으로 보는 글로벌교육에 대한 인식이 넓어졌다. 또한 인권이나 타인 배려 등을 중시하고 스스로 생각하고 문제를 해결할 수 있는 '살아가는 힘'을 강조하였다. '총합학습'이 도입되면서 글로벌교육에 대한 관심이 더욱 높아지고 있다.

일본 글로벌교육의 전개 과정에서 강조되어 온 특징적인 내용 요소를 시기별로 추출해보면 (표 1)과 같다. 물론 특정 시기에만 강조된 요소도 있겠지만 여러 시기에 걸쳐 혼재되어 나타나기도 하며 오늘날로 이어진다고 할 수 있겠다.

표 1. 일본 글로벌교육의 기본 내용

글로벌교육의 전개 과정	강조된 내용	추출한 요소
성립기(1970년대)	-외국어교육 -국제 교류 -세계성 -국가 지향적 국제이해교육	
전환기(1980년대)	-문화 이해 -커뮤니케이션 능력 -국제 교류 -국제이해교육 -자국 인식(주체성 확립) -국제적 인재 육성 -평화 -인권 -국제적 과제 인식과 참여 -상호 의존성	국제 교류 다문화 이해 평화교육 글로벌 시스템
발전기(1990년대)	-인권 -평화 -문화 -환경 -문제 해결력 -타인 배려 -살아가는 힘 -여유와 자율 -글로벌 이슈 -글로벌 시스템	

일본 글로벌교육의 전개 과정에서 강조된 내용 중 성립기
에서부터 강조되어 온 국제 교류, 전환기에서부터 강조된 다
문화 이해, 그리고 발전기에서 중요시되어 온 평화, 글로벌
시스템의 네 가지를 일본 글로벌교육 내용 요소로 집약해보
았다. 이 네 가지 요소는 어느 특정 시기에만 강조되기보다
는 오늘날에 이르기까지 공통적으로 강조되고 있는 내용이라

고 생각할 수 있다.

(1) 교육기본법에 나타난 글로벌교육의 근거

1946년 일본 헌법에 규정된 국민의 '교육을 받을 권리'를 보장하기 위해 1947년 3월 31일 「구교육기본법」과 「학교교육법」이 제정·공시되고, 4월 1일부터 새로운 학교제도가 시작되었다. 2006년 12월 15일, 새로운 교육기본법이 제165회 임시국회에서 성립되어 12월 22일에 공시·시행되었다. 지난 반세기 동안 과학기술의 진보, 정보화, 국제화, 저출산, 고령화 등 교육을 둘러싼 환경이 크게 변화하면서 사회의 다양한 측면의 과제가 대두되었기 때문이다.

이러한 상황에 맞춰 새로운 교육기본법에는 모든 국민이 풍요로운 삶을 누려 일본이 한층 더 발전하여 국제사회에서 더 발전할 수 있도록 지금까지의 보편 이념은 유지하되, 현시대가 요구하는 교육의 목적과 이념, 교육의 실시에 관한 기본을 정함과 동시에 국가발전지방공공단체의 책무를 명확히 하여 교육진흥기본계획을 정하도록 규정하고 있다. 교육기본법 개정의 배경은 크게 다섯 가지로 나누어 생각할 수 있다.

첫 번째로 사회적 원인을 꼽을 수 있다. 과학기술의 진보와 발달과 함께 정보화, 국제화가 급속도로 추진되면서 교육에 있어서도 변화가 요청되었다. 또한 저출산화, 고령화, 핵가족화와 같은 사회적 문제들이 대두되면서 이에 대비한 교육의 필요성이 강조되었다. 또한 다양한 가치관이 공존하고, 개개인의 삶을 중시하며, 사회 전체의 규범의식이 저하되고 있는 사회적 현상이 심화되면서 이에 대비한 교육의 필요성이 강조되었다.

두 번째로는 개인적 원인을 꼽을 수 있다. 각 가정에서는 맞벌이가 늘어나면서 가정에서의 교육력 저하가 현저해지고 육아에 대한 불안과 고민이 증가하게 되어 교육에 대한 새로운 변화가 요청되었다.

세 번째로 학교 원인을 들 수 있다. 학교에서 이지메와 같은 집단 따돌림 현상, 교내 폭력 등의 문제가 심각해지면서 질 높은 교원의 확보가 요구되었다.

네 번째로 지역사회의 요청이 있었다. 지역사회의 교육력이 저하되고, 지역 주민 간의 연대감이 희박해지고, 지역의 안전, 안심 확보의 필요성이 증대되면서 교육기본법 개정이 요구되었다.

다섯 번째로 학습자의 원인을 들 수 있다. 기본 생활 습관이 혼란해지고 체력이 저하되면서, 학습 의욕과 학력이 저하되고, 아이들은 사회성이 저하되고 규범의식도 결여된다. 따라서 교육기본법을 개정하게 되었다.

교육기본법 개정의 방향을 살펴보면 '인격의 완성'과 '개인의 존엄' 등 지금까지 교육기본법에 의해 중시되었던 보편적 이념은 그대로 유지하고 다음과 같은 새로운 시대의 교육 기본 이념을 명시하였다.

1) 지·덕·체가 조화를 이루어 평생에 걸쳐 자기실현을 목표로 자립한 인간
2) 공공의 정신을 존중하고 국가·사회 형성에 주체적으로 참가하는 국민
3) 일본의 전통과 문화를 기반으로 국제사회를 살아가는 일본인

개정된 교육기본법에서는 기존의 교육기본법에 비해 더욱 구체적으로 학교교육이 나아가야 할 방향을 제시하고 있다. 교육 목표, 학교교육, 교육 행정 등 기존의 내용을 토대로 자세하게 내용을 보강하였다. 그중에서 글로벌 관점이 반영된 각 항목을 구체적으로 살펴보면 다음과 같다.

개정 전	개정 후
…우리는 개인의 존엄을 소중히 여기고 진리와 평화를 추구하는 인간을 육성함과 동시에 보편적이면서 개성이 넘치는 문화 창조를 위한 교육을 보급하고 이를 철저히 해야 한다. 여기서 일본국 헌법의 정신에 따라 교육의 목적을 명시하고 새로운 일본 교육의 기본을 확립하기 위해 이 법령을 제정한다.	…우리는 이 이상을 실현하기 위해, 개인의 존엄성을 소중히 여기고, 진리와 정의를 추구하며, 공공의 정신을 존중하고, 풍요로운 인간성과 창조성을 겸비한 인간을 육성한다. 또한 전통을 계승하고 새로운 문화 창조를 목표로 하는 교육을 추진한다. 여기서 우리는 일본국 헌법의 정신에 따라, 국가의 미래를 개척하는 교육의 기본을 확립하고 진흥을 도모하기 위해 이 법령을 제정한다.

출처: 日本文部性 www.mext.go.jp(2010.02.15. 검색)

전문을 살펴보면 일본의 교육이 개인의 존엄성, 진리와 정의의 추구와 함께 공공 정신을 존중하고 풍요로운 인간성과

창조성을 겸비한 인간을 육성해야 하며, 전통을 계승하여 문화 창조를 목표로 함을 명시하고 있다. 이는 일본이 교육기본법 개정을 통해 국제화 시대에 창의력을 갖춘 인재 육성을 강조하고 있음을 알 수 있다.

하지만 개정 후의 「교육기본법」을 살펴보면 자국 전통의 계승을 새롭게 추가하였는데, 이는 글로벌교육과 상충될 수 있는 요소라고 할 수 있을 것이다. 또한 미래를 개척하는 교육의 기본을 확립한다는 점에서 글로벌교육에서 강조하는 미래지향적인 시각이 엿보인다고 할 수 있다.

(2) 교육의 목표에 나타난 글로벌교육

교육 목표에 있어서는 개정 후 많은 내용이 추가되어 전문의 내용에 대해 구체적으로 명시하고 있다. 여기서는 먼저 공동체 생활에 대한 존중과 관심을 중요시하고 있음을 볼 수 있다. 정의와 책임, 남녀평등, 협력 등과 같은 시민성을 중시하고, 공공 정신에 기초하여 주체적으로 사회 형성에 참가하고 그 발전에 기여하게 한다는 점에서 연대감과 참여의식을 강조함을 알 수 있다.

또한 생명을 존중하고 자연을 소중히 여기며 환경 보전에 기여하는 태도를 기른다는 항목에서 생태적 통합을 강조하고 인간과 자연의 연결성을 찾고자 하는 노력을 엿볼 수 있다. 마지막으로 전통과 문화를 존중하고, 타국을 존중하고 국제사회의 평화와 발전에 기여하는 태도를 양성한다는 부분에서 서로 다름과 다양성을 존중할 수 있는 평화로운 지구촌 사회의 구성원을 기르고자 함을 알 수 있다.

개정 전	개정 후
교육의 목적은 모든 기회, 모든 장소에 있어서 실현되어야 한다. 이 목적을 달성하기 위해서는 학문의 자유를 존중하고 실제 생활에 입각하여 자발적 정신을 키우고, 자타의 경애와 협력에 따라 문화 창조와 발전에 공헌하도록 노력해야 한다.	교육은 그 목적을 실현하기 위해 학문의 자유를 존중하면서 다음의 목표를 달성하기 위하여 행해지는 것이다. 1. 폭넓은 지식과 교양을 쌓고, 진리를 추구하는 태도를 기르며, 풍부한 정서와 도덕심을 배양하고 긴강힌 신체를 육성한다. 2. 개인의 가치를 존중하고 그 능력을 높여 창조성을 기르고 자주 자립의 정신을 기름과 동시에 직업 및 생활과의 관련을 중시하고 노동을 중시하는 태도를 기른다. 3. 정의와 책임, 남녀평등, 자타의 경애와 협력을 중시하고, 공공 정신에 기초하여 주체적으로 사회 형성에 참가하고, 그 발전에 기여하는 태도를 양성한다. 4. 생명을 존중하고 자연을 소중히 여기며 환경 보전에 기여하는 태도를 양성한다. 5. 전통과 문화를 존중하고 육성하여, 국가와 향토를 사랑하고, 타국을 존중하며 국제사회의 평화와 발전에 기여하는 태도를 양성한다.

출처: 日本文部性 www.mext.go.jp(2010.02.15. 검색)

(3) 평생학습의 이념에 나타난 글로벌교육

평생학습의 이념에서는 교육이 더 이상 특정 시기, 특정 장소에 국한되어 실시되는 것이 아니라, 국민은 누구나 평생에 걸쳐 모든 기회에 모든 장소에서 학습할 수 있음을 명시하고 있다.

이는 전통적인 분절적 교육관을 극복한 새로운 패러다임을 제시하고 있다고 할 수 있다. 또한 평생 학습 사회에서 '학습'이라는 것은 단순히 학위를 얻고, 직장을 구하기 위한 것이라기보다는, 삶의 질을 높이기 위함이며 평생에 걸쳐서 자신의 내적 발전을 이룩하여야 함을 뜻한다. 이는 결과보다는 '과정'과 '내용'을 중시한다는 점에서 글로벌교육의 패러다임과 그 맥락을 같이한다.

개정 전	개정 후
(신설)	제1장 제3조 국민 한 사람 한 사람이 스스로의 인격을 닦고 풍요로운 삶을 보낼 수 있도록 평생에 걸쳐 모든 기회에, 모든 장소에서 학습할 수 있어야 하고, 그 성과를 적절하게 활용할 수 있는 사회가 실현되어야 한다.

출처: 日本文部省 www.mext.go.jp(2010.02.15. 검색)

(4) 학교교육에 나타난 글로벌교육

개정 전에는 학교교육은 공공의 성질을 갖고 국가 및 지방 공공단체가 법률로 정한 법인만이 설치할 수 있다. 개정안에는 학교교육이 이행해야 할 목표를 제시하고 있는데 주요 내용은 다음과 같다.

첫째, 학생들의 심신 발달에 따라 체계적인 교육이 조직적으로 이루어질 것, 둘째, 학생들이 학교 규율을 지킬 수 있도록 지도해야 할 것, 셋째, 학습에 몰입할 수 있는 환경을 만들어야 할 것이다. 이는 학교교육을 구체적으로 재정의함으로써 공교육의 입지를 다지려는 의도로 보인다. 규율을 존중한다는 점에서 시민 책무성을 강조하고 있고, 스스로 학습에 몰입하는 의욕을 높인다는 점에 주목할 수 있다.

개정 전	개정 후
제6조 법률로 정한 학교는 공공의 성질을 갖는 것으로 국가 및 지방공공단체 이외 법률로 정한 법인만이 설치할 수 있다.	제2장 제6조 법률로 정한 학교는 공공의 성질을 갖는 것으로 국가 및 지방공공단체 이외 법률로 정한 법인만이 설치할 수 있다. 전항의 학교에 있어서는 교육의 목표가 달성되도록 교육을 받는 자의 심신 발달에 따라 체계적인 교육이 조직적으로 이뤄져야 한다. 그 경우 교육을 받는 자가 학교생활을 하는 데에 필요한 <u>규율을 존중</u>하고, <u>스스로 학습에 몰입하는 의욕을 높일</u> 수 있도록 교육이 이루어져야 한다.

출처: 日本文部性 www.mext.go.jp(2010.02.15. 검색)

(5) 사회교육에 나타난 글로벌교육

사회교육에서는 기존과 마찬가지로 국가와 지방공공단체에 의해 장려되어야 한다는 점에서 국가 및 공공단체의 역할을 부가하고 있음을 알 수 있다. 도서관, 박물관, 공민관 등 사회교육시설의 설치뿐만 아니라 학습 기회와 정보의 제공에도 노력해야 함을 추가시켰다. 학교교육뿐만이 아니라 지역사회의 상호 연대와 협력을 강조하고 있다고 볼 수 있다.

개정 전	개정 후
제7조 가정교육 및 노동장소 외 사회에서 행해지는 교육은, 국가 및 지방공공단체에 의해 장려되어야 한다. 국가 및 지방공공단체는 도서관, 박물관, 공민관 등 시설의 설치, 학교시설, 그 외의 적당한 방법에 따라 교육 목표의 실현을 위해 힘써야 한다.	제2장 제12조 개인의 요망과 사회의 요청에 부응하여 사회에서 행해지는 교육은 국가 및 지방공공단체에 의해 장려되어야 한다. 국가 및 지방공공단체는 도서관, 박물관, 공민관 그 외의 사회교육시설의 설치, 학교시설의 이용, 학습 기회 및 정보 제공, 그 외의 적당한 방법에 따라 사회교육의 진흥을 위해 힘써야 한다.

출처: 日本文部性 www.mext.go.jp(2010.02.15. 검색)

3. 학습지도요령과 글로벌교육

(1) 학습지도요령에 반영된 글로벌교육

학습지도요령은 전국 어디에서나 일정한 수준의 교육을 받을 수 있도록 학교가 교육과정을 편성하는 기준으로 약 10년의 주기로 개정이 이루어진다. 최근 일본사회에서 국제화, 정보화, 과학기술의 발전, 환경문제에 대한 관심의 고조, 고령화 등의 현상이 과열됨에 따라 학습지도요령(學習指導要領)의 개정 작업이 이루어지고 있다.

이번 장에서는 2008년 개정 학습지도요령의 총칙을 중심으로 여기에 반영된 글로벌교육 요소를 추출해보고자 한다.

첫째, 소학교 학습지도요령 총칙35)의 교육과정 편성의 일반 방침을 살펴보면 각 학교에서는 조화로운 인간의 육성을

---

35) www.mext.go.jp 문부과학성(2010.10.08. 검색).

목표로 지역이나 학교의 실태 및 아동의 심신 발달 단계와 특성을 충분히 고려하여 적절한 교육과정을 편성하도록 되어 있다.

학교교육을 추진함에 있어서 학생들에게 무엇보다 살아가는 힘을 기르는 것을 목표로 하여 창의력을 살린 특색 있는 교육 활동을 전개할 것을 강조하고 있다. 또한 기초 기본적인 지식과 기술을 확실하게 습득하고 이들을 활용하여 과제를 해결하는 데 필요한 사고력, 판단력, 표현력 등의 능력을 키우는 동시에 주체적으로 학습에 임하는 태도를 기르고, 개성을 살리는 교육의 충실을 위하여 노력해야 한다.

이때 아동의 발달 단계를 고려하여 아동의 언어 활동을 충실히 하고, 가정과의 연계를 도모하면서 아동의 학습 습관이 형성되도록 배려해야 한다는 내용이 2008년 개정 학습지도 요령에 추가되었다.

그리고 학교에서의 도덕교육에 대해 언급하고 있는데, 그 세부 내용을 살펴보면 다음과 같다.

인간 존중의 정신과 생명에 대한 경외의 뜻을 가정, 학교, 기타 사회의 구체적인 생활 속에서 살려 풍부한 마음을 가지고 전통과 문화를 존중하고, 나라와 향토를 사랑하고, 개성이 풍부한 문화 창조를 도모한다. 동시에 공공의 정신을 존중하고 민주적인 사회와 국가 발전을 위해 노력하고 남을 존중하고, 국제사회의 평화와 발전 및 환경 보전에 기여하고, 미래를 개척하는 주체성 있는 일본인을 육성하기 위해 그 기반으로 도덕성을 기르는 것을 목표로 하고 있다.

여기서 주목할 만한 것은 국제사회의 평화와 발전 및 환경 보전에 기여하는 일본인을 육성하기 위한 도덕성을 강조하였다는 점이다. 또한 '국제사회에서 주체적으로 살아가는 일본인'을 제시함으로써 '글로벌화에 대응하는 자세'를 중요시하고 환경문제에 대한 인식을 중요하게 취급하고 있음을 알 수 있다.

국제사회를 살아가는 일본인의 자질로서 일본 자국의 역사와 국토에 대한 이해와 애정, 국제협력 정신, 국제사회에서 일본이 담당하고 있는 역할에 대한 인식을 강조하고 있음을 알 수 있다.

둘째, 2008 개정 학습지도요령에서는 총합학습에 대한 내용을 더욱 강조하고 있는데, 이전에는 총합학습에 대한 내용이 총칙에 간단히 언급되어 있는 것에 비해, 2008 개정 학습지도요령에서는 총합학습 시간을 독립적인 장36)으로 분리하여 다루고 있다는 점을 발견할 수 있었다.

총합적인 학습 시간은 스스로 문제를 찾아 스스로 배우고 스스로 생각하고 주체적으로 판단하고 문제를 해결하는 자질과 능력을 기르기, 학습 방법이나 사고방식을 익히고 문제 해결 및 탐구 활동에 주체적·창조적으로 대응하는 태도를

---

36) 새학습지도요령에 따르면 제1장 총칙, 제2장 각 교과, 제3장 도덕, 제4장 외국어활동, 제5장 총합적인 학습 시간, 제6장 특별활동으로 구성되어 있다.

기르고 자기 삶을 생각할 수 있도록 하기, 각 교과, 도덕 및 특별활동 시간에 익힌 지식과 기술을 상호 연결하여 학습과 생활에서 살려 종합적으로 작용할 수 있도록 하기 등의 목표를 가지고 실시한다.

총합적인 학습 시간의 목표와 내용은 각 학교에서 특색을 가지고 결정할 수 있는데, 예를 들면 국제이해, 정보, 환경, 복지 건강 등 횡단적·종합적인 과제, 아동의 흥미와 관심을 기반한 과제, 지역 및 학교의 특색에 맞는 과제 등을 가지고 학교의 실태에 맞게 실시할 수 있다. 각 학교에서는 학교의 모든 교육 활동과 관련하여 목표 및 내용, 키우고자 하는 자질과 능력 및 태도, 학습 활동, 지도 방법, 지도 체제, 학습 평가 계획 등 전체 계획을 수립해야 한다.

총합적인 학습 시간은 각 교과목과의 경계를 허물고 통합적으로 접근하고자 한다는 점에서 글로벌교육의 패러다임이 직접적으로 반영되었다고 볼 수 있다. 또한 총합적 학습 시간에 실제로 이루어지는 주제 중 가장 많은 비중을 차지하는 것이 글로벌교육으로서 국제이해, 환경교육, 평화학습 등이라 할 수 있다.

셋째, 수업 시수 등의 취급과 관련된 사항을 살펴보고자 한다.

먼저 1990년과 2002년, 2008년의 변화된 학년별 수업 시수와 교과목을 살펴보면 다음과 같다(Shigeru ASANUMA,

2005: 19).

표 2. 1990년 시행 학습지도요령 수업 시수

과목	1학년	2학년	3학년	4학년	5학년	6학년
국어	306	315	280	280	210	210
사회	-	-	105	105	105	105
산수	136	175	175	175	175	175
이과	-	-	105	105	105	105
생활	102	105	-	-	-	-
음악	68	70	70	70	70	70
회화공작	68	70	70	70	70	70
가정	-	-	-	-	70	70
체육	102	105	105	105	105	105
도덕	34	35	35	35	35	35
특별활동	34	35	35	70	70	70
총수업 시수	850	910	980	1015	1015	1015

표 3. 2002년 시행 학습지도요령 수업 시수

과목	1학년	2학년	3학년	4학년	5학년	6학년
국어	306	315	280	280	210	210
사회	-	-	105	105	105	105
산수	136	175	175	175	175	175
이과	-	-	105	105	105	105
생활	102	105	-	-	-	-
음악	68	70	70	70	70	70
회화공작	68	70	70	70	70	70
가정	-	-	-	-	70	70
체육	102	105	105	105	105	105
도덕	34	35	35	35	35	35
특별활동	34	35	35	70	70	70
총수업 시수	850	910	980	1015	1015	1015

2002년 시행된 학습지도요령을 이전의 1990년 자료와 비교해보았을 때 다음과 같은 특징을 발견할 수 있다. 먼저 완전 주 2일 휴일제가 도입되기 위해, 모든 과목에 있어서 많은 시간의 감축이 이루어졌다.

6년간을 통해 각 교과의 시간 수를 비교해보면 국어는 1601시간에서 1377시간으로, 사회는 420시간에서 345시간으로, 산수는 1011시간에서 869시간으로, 이과는 420시간에서 350시간으로, 음악은 418시간에서 358시간으로, 가정은 140시간에서 115시간으로, 체육은 630시간에서 540시간으로, 특별활동은 314시간에서 209시간으로 감소했다.

총수업 시간은 1학년 850시간에서 782시간으로, 2학년은 910시간에서 840시간으로, 3학년은 980시간에서 910시간으로, 4-6학년은 1015시간에서 945시간으로 감소했다. 6년간의 총수업 시간 수는 5785시간에서 5367시간으로 감소했다. 합계 418시간이 감소했다고 할 수 있다. 약 7퍼센트의 감소가 있었다. 단순히 수적으로 비교해보면 이과나 사회과에 있어서는 수업 시수의 16퍼센트가 감소했다고 볼 수 있다.

이렇듯 학습지도요령에서는 수업 시수를 대폭 삭감하였지만 이를 보완할 수 있도록 교육 내용을 엄선하도록 하였다. 각 학년에서 삭제된 내용은 상급학교에서 통합하여 다루고 주입식 교육 내용을 감소시키도록 하였다. 1990년 시행된 학습지도요령과 2002년 시행된 학습지도요령에는 공통적으로 국제화의 대응으로 강조하는 외국어학습이나 국제이해, 평화, 인권, 개발 교육 등을 위한 총합학습을 위한 수업 시수가 별도로 배정되어 있지 않음을 확인할 수 있다.

한편 새롭게 시행되는 2008 개정 학습지도요령의 수업 시수는 다음과 같이 개정되었다.

표 4. 2008 개정 학습지도요령 수업 시수

과목	1학년	2학년	3학년	4학년	5학년	6학년
국어	306	315	245	245	175	175
사회	-	-	70	90	100	105
산수	136	175	175	175	175	175
이과	-	-	90	105	105	105
생활	102	105	-	-	-	-
음악	68	70	60	60	50	50
회화공작	68	70	60	60	50	50
가정	-	-	-	-	60	55
체육	102	105	105	105	90	90
도덕	34	35	35	35	35	35
외국어활동	-	-	-	-	35	35
특별활동	34	35	35	35	35	35
총합학습	-	-	70	70	70	70
총수업 시수	850	910	945	980	980	980

출처: 日本文部科學性 www.mext.go.jp(2010.10.08. 검색)

저학년에서는 국어의 수업 시수가 증가하였고 사회, 수학, 과학과의 수업 시수는 전체적으로 대폭 증가하였다. 예체능 과목에서는 체육과의 수업 시수가 증가하였다. 또한 총수업 시수가 이전에 비해 전체적으로 크게 늘어났음을 알 수 있는데, 이것은 기초, 기본 교육을 강조하는 국어, 수학, 사회, 과학과 같은 주지 교과의 수업 시수가 증가되었기 때문이라고 할 수 있다.

2008 개정 학습지도요령의 수업 시수에서 주목할 만한 것은 새롭게 외국어활동의 수업 시수가 추가된 것이다. 5, 6학년의 수업 시수에서 외국어활동이 각각 35시간씩 추가되었음을 확인할 수 있다. 이는 국제화에 적극적으로 대응할 수 있는 커뮤니케이션 능력을 배양하고자 하는 점이 반영되어 있다고 볼 수 있다.

학습지도요령 총칙을 통해 일본의 글로벌교육이 반영된 사항을 다음과 같이 요약할 수 있다. 첫째, 교과목의 경계가 없는 총학습 시간을 크게 강조하였다. 2008 개정 학습지도요령 총칙에서 총합학습에 대한 독립적인 장이 추가되었다는 것을 보면 알 수 있다. 둘째, 외국어교육과 총합학습의 수업 시수가 별도로 배정되었다. 셋째, 학습지도요령 교육과정 편성 일반 지침으로 '국제사회에서 주체적으로 살아가는 일본인'을 제시하여 글로벌화에 대응하는 자세를 강조하였다. 넷째, 환경문제에 대한 인식을 새롭게 취급하였다.

글로벌교육의 본질이 어느 방향에 치우쳐 있는지에 대한 평가는 뒤로하고 일반적으로 학습지도요령에 반영된 글로벌교육 내용 요소를 살펴봤을 때 그것은 종래와 비교해 현저히 충실하게 운영되고 있다고 할 수 있다. 자국의 입장에서 타국 이해에 초점을 맞춘 국제이해교육을 전 지구적, 전 인류적 입장에서 문제의 본질에 다가서고, 해결책을 추구하는 글로벌교육으로 통합하고, 이것을 발전시켜 나가려는 노력이 계속되어야 할 것이다.

(2)초등학교 사회과 학습지도요령

초등학교 사회과 개정은 중앙교육답신회의 답신에 따라 행해졌다. 그 구체적인 내용을 살펴보면 다음과 같다(文部科學省, 2008: 3).

(i) 개선의 기본 방침

○ 사회과, 지리역사과, 공민과는, 소학교, 중학교와 고등학교에서, 사회적 사상에 관심을 가지고 다면적·다각적으로 고찰하여, 공정하게 판단하는 능력과 태도를 기르고, 사회적 가치관이나 사고방식을 성장시키는 것을 한층 중시하는 방향으로 개선한다.

○ 사회적 사상에 관해서 기초적·기본적인 지식, 개념이나 기능을 확실히 습득하게 하고, 그것을 활용하는 능력이나 과제를 탐구하는 능력을 육성하는 관점에서, 각 학교 단계의 특질에 맞게 습득해야 하는 지식, 개념의 명확화를 도모함과 동시에, 컴퓨터 등의 활용을 해가며, 지도나 통계 등 각종 자료에서 필요한 정보를 모아 취하는 것, 사회적 사상의 의미, 의의를 해석하는 것, 사상의 특색이나 사상 간의 관련을 설명하는 것, 자기의 생각을 논술하는 것을 한층 중시하는 방향으로 개선한다.

○ 우리나라와 세계의 성립과 지역구성, 오늘날의 사회 경제 시스템, 다양한 전통과 문화, 종교에 관한 이해를 통해, 우리나라의 국토와 역사에 대해 애정을 갖고, 일본인으로서의 자각을 가지고 국제사회에서 주체적으로 살아감과 동시에, 지속가능한 사회의 실현을 목표로 하는 등, 공공적인 문제에 자신이 참가해나가는 자질이나 능력을 육성하는 것을 중시하는 방향으로 개선한다.

이와 같이 초등학교 사회과에서는 넓은 시야에서 지역사회나 일본, 일본의 국토 등에 대해 이해를 한층 깊게 하여, 일본인으로서의 자각을 가지고 국제사회에서 주체적으로 살아갈 수 있도록 기반이 되는 지식과 기능을 몸에 익히는 것이 요구되었다. 또한 일본의 역사나 문화를 소중히 하고 일본인으로서의 자각을 가지고 지속가능한 사회의 실현 등 보다 나은 사회의 형성에 참여할 수 있는 자질이나 능력의 기초를 배양하는 것을 중시하여, 새롭게 필요하게 된 내용을 첨가하여 내용의 재구성을 도모하는 것이 요구되었다.

다음은 사회과의 총괄 목표를 살펴보자(文部科學省, 2008: 10).

사회과의 목표

사회생활에 대한 이해를 도모하고, 일본의 국토와 역사에 대해 이해와 애정을 길러 국제사회를 살아가는 평화롭고 민주적인 국가·사회의 형성자로서 필요한 공민적 자질의 기초를 배양한다.

초등학교 사회과의 교과 목표는 '사회생활에 대한 이해를 도모하고, 일본의 국토와 역사에 대해 이해와 애정을 기른다'의 부분과 '국제사회를 살아가는 평화롭고 민주적인 국가·사회의 형성자로서 필요한 공민적 자질의 기초를 양성한다'라는 부분으로 구성되어 있다.

전자는 초등학교 사회과가 겨냥하는 특색을 제시하는 것으로서 초등학교 단계의 사회과의 이해나 심정에 대해 초점을 맞추고 있다. 이것은 '사회생활에 대한 이해를 도모'하는 부분과 '일본의 국토와 역사에 대해 이해와 애정을 육성함'이라는 부분으로 나눌 수 있다. 사회생활의 모양이나 특색 등에 대한 총합적 이해를 깊게 함으로써 일본의 국토와 역사에 대해 이해와 애정을 기른다는 것은 초등학교 사회과의 고유한 목표가 되고 있다.

후자의 '국제사회를 살아가는 평화롭고 민주적인 국가·사회의 형성자로서 필요한 공민적 자질의 기초를 배양한다'라는 것은, 소학교와 중학교 사회과의 공통 목표로서, 초등학교와 중학교의 사회과 지도를 통해 실현하고자 하는 궁극적인 도달점을 제시한다. 이렇게 초등학교 사회과는 사람들의 사회생활을 넓은 시야에서 바라보고 총합적인 이해를 통해 공민적 자질의 기초를 배양하는 것을 궁극적인 목표로 하는 교과라고 할 수 있다.

'일본의 국토에 대한 이해와 애정'에 대해서는 자신과 가까운 지역이나 시, 현의 모양에 대해 지도하고, 일본의 국토나 지리적 환경과 그곳의 산업의 모양 등의 이해를 도모하여, '일본의 국토에 대해 애정을 기르는 것'을 목표로 하고 있다.

또한 '일본의 역사에 대한 이해와 애정'에 관해서도 시를 중심으로 한 지역 사람들이 생활에서 변화나, 지역의 발전에 기여한 선인의 발자취를 지도하여 일본의 역사에 대한 이해를 깊게 함과 동시에, 일본의 역사에 대한 애정을 기르는 것을 목표로 하고 있다.

일본의 국토와 역사에 대한 이해와 애정은, 지역사회나 일본 국토의 지리적 환경, 산업의 모양, 선인의 발자취 등에 대한 학습을 통해 기르고자 한다. 소학교 사회과는 자신과 관계가 깊은 지역이나 시, 현에 대해 이해를 깊이 하고, 지역사회에 대한 애정을 기름과 동시에, 일본의 국토와 역사에 대해 이해와 애정을 기르는 것을 목표로 하고 있다. 하지만 일본의 특수성을 강조하는 점은 자칫 글로벌교육과는 상충할 수 있는 부분이라고 생각된다.

'공민적 자질'이라 함은 국제사회를 살아가는 평화롭고 민주적인 국가나 사회의 형성자, 이를테면 시민 혹은 국민으로서 행동하기 위해 필요한 자질을 의미한다. 그러므로 공민적 자질은 평화롭고 민주적인 국가와 사회, 나아가 지구촌의 형성자로서의 자각을 가지고 자신과 타인의 인격을 상호 존중할 것, 사회적 의무나 책임을 다할 것, 사회생활의 다양한 측면을 다면적으로 생각하고, 공정하게 판단하는 등의 태도나 능력이라고 생각할 수 있다.

이러한 공민적 자질은 일본인으로서의 자각을 가지고 국제사회에서 주체적으로 살아감과 동시에, 지속가능한 사회의 실현을 목표로 하고 보다 나은 사회의 형성에 참가하는 자질과 능력의 기초를 포함하는 것이라고 생각할 수 있다.

국제사회의 주체적인 시민상을 제시한 점에서 글로벌교육의 방향이 사회과 교육과정의 목표에 반영되어 있음을 알 수 있다. 하지만 아직까지 글로벌 관점의 습득이나 지구적 행동, 상호 의존성 등을 강조하고 있지 않다는 점에서 글로벌교육의 핵심에는 도달하지 못하고 있다고 할 수 있다.

초등학교 사회과에서는 교과 목표의 취지는 현행과 같지만, 교육기본법의 규정을 보면 지금까지의 '민주적·평화적인 (국가·사회의 형성자)'를 '평화와 민주적인 (국가·사회의 형성자)'로 개정하여 평화적 가치를 더욱 강조하고 있음을 알 수 있다.

또한 구체적인 학년 목표에서는 새로운 관점을 한층 중시하여 개선되었는데 각 학년 목표를 지금까지와 같이 이해·태도·능력의 세 가지 측면에서 구성하였다. 각 학년의 세부적인 목표를 살펴보면 다음과 같다(文部科學省, 2008: 18-99).

학년별 세부 목표

[3-4학년]
(1) 지역 산업 및 소비 생활의 모습, 사람들의 건강한 삶과 양호한 생활 환경과 안전을 지키기 위한 여러 활동에 대해 이해할 수 있도록 하고 지역사회의 일원으로서의 자각을 갖게 한다.
(2) 지역의 지리적 환경, 사람들의 생활의 변화와 지역 발전에 힘을 다한 선조의 역사를 이해하도록 하여 지역사회에 대한 자부심과 애정을 키우게 한다.
(3) 지역의 사회현상을 관찰, 조사하고 지도 및 각종 구체적인 자료를 효과적으로 활용하여 지역사회의 사회적 사건의 특색과 상호 관련 등에 대해 생각하는 힘, 표현하는 능력을 기르도록 한다.

3, 4학년 세부 목표에서는 지역의 사람들이 건강한 생활을
지키기 위한 모든 활동을 이해하기 위해 '양호한 생활환경'
을 추가하였다. 또한 능력에 관한 목표를 보면 '생각한 것을
표현하기'를 한층 중시하여서 환경이나 커뮤니케이션에 대한
부분을 중시하고 있음을 알 수 있다.

학년별 세부 목표
[5학년] (1) 일본의 국토의 모습, 국토의 환경과 국민 생활과 관계에 대해 이해하도록 하고 환경 보전과 자연재해 예방의 중요성에 대한 관심을 높이고 국토에 대 한 애정을 키우게 한다. (2) 일본의 산업의 모습, 산업과 국민 생활과 관계에 대한 이해, 일본의 산업 발 전과 사회 정보화의 진전에 관심을 가지게 한다. (3) 사회적인 사건을 구체적으로 조사하고 지도와 지구본, 통계 등 다양한 기초 자료를 효과적으로 활용하고 사회적인 사건의 의미에 대해 생각하는 힘을 알고 표현력을 기르도록 한다.

5학년의 세부 목표를 보면 환경 보전과 자연재해 예방의
중요성을 강조하고 있다. 또한 일본 국토의 모양과 국민 생
활의 이해와 태도에 관련한 목표에 대해서는 새롭게 '국토의
환경과 국민 생활의 관련'에 대한 이해가 가능하도록 하였고,
'자연재해의 방지'의 중요성에 관심을 깊게 하는 것을 추가
하였다. 이를 보아 자연환경, 자연과 인간의 상호 관련성을
강조하는 것을 알 수 있다.

[6학년]
(1) 국가 사회의 발전에 큰 역할을 한 선인들의 업적과 우수한 문화유산에 대해 관심과 이해를 갖고 일본의 역사와 전통을 소중히 하고 나라를 사랑하는 마음을 기른다.
(2) 일상생활에서 정치의 역할과 일본 정치에 대해 이해하고, 일본과 관계 깊은 나라의 생활이나 국제사회에서 일본의 역할을 이해하고 평화를 바라는 일본인으로서 세계 각국의 사람들과 함께 살아가는 것이 중요함을 자각한다.
(3) 사회적인 사건을 구체적으로 조사하고 지도와 지구본, 연표 등 각종 기초 자료를 효과적으로 활용하여 사회 현상의 의미를 보다 넓은 시각에서 생각하는 힘을 기르고 표현하는 능력을 기르도록 한다.

6학년의 세부 목표를 보면 일본과 관계 깊은 나라의 생활이나 국제사회에서 일본의 역할을 이해하고 평화를 바라는 일본인으로서 세계 각국의 사람들과 함께 살아가는 것이 중요함을 자각한다는 부분에서 국제사회나 평화, 국제 교류 등의 가치를 강조하고 있음을 알 수 있다. 또한 지구, 지구본, 연표 등 각종 자료를 활용하는 능력, 사회 현상의 의미를 넓은 시각에서 생각하는 힘, 표현능력 등을 강조하고 있음을 알 수 있다.

일본의 초등학교에서는 2002년부터 완전 주 5일제가 실시되고 총합학습 시간이 새롭게 설정되면서 일반 교과의 수업 시수가 대폭 축소되었다. 사회과도 예외가 아니어서 수업 시수가 축소되어 주당 3시간이었던 수업이 주당 2-2.85시간까지 감축되었다. 여기서 일본의 역사 학습과 국제이해 부분은 100시간으로 배당이 되어 기존에 105시간이었던 것에 비해 그다지 크게 감축되지 않았다는 것에 주목할 수 있다.

일본 사회과 학습지도요령의 내용 구성은 시간의 감축과 함께 여유 있고 탄력적인 교과 운영, 새로운 자질과 능력의 육성에 초점을 맞추어 편성되었다.

또한 넓은 시야에서 지역사회나 일본의 국토에 대한 이해를 한층 깊게 하고 일본인으로서의 자각을 가지고 국제사회에서 주체적으로 살아갈 수 있는 기반이 되는 지식과 기능을 몸소 익히는 섯이 편성되었다. 그리고 일본의 역사나 문화를 소중히 여기고, 일본인으로서의 자각을 갖도록 함과 동시에, 지속가능한 사회의 실현 등 보다 좋은 사회의 형성에 참여하는 자질이나 능력의 기초를 배양하는 것이 가능하도록 내용의 일부가 수정되었다. 또한 새롭게 필요한 글로벌교육의 내용 요소가 추가되었음을 알 수 있다.

우선 각 학년의 사회과 학습지도요령에서 제시하는 학습 내용의 구성을 간단하게 살펴보도록 하겠다(文部科學省, 2008: 16-17).

학년의 내용
[3-4학년] 1) 내 주변의 지역이나 시의 형성, 토지이용, 공공시설 등의 모습 2) 지역의 생산이나 판매에 종사하는 사람들 일 3) 지역 사람들의 건강한 생활이나 양호한 생활환경을 지키기 위한 여러 가지 활동 4) 지역 사람들의 안전을 지키기 위한 여러 가지 활동 5) 지역의 옛날 도구, 문화재나 연중행사, 지역의 발전에 도움을 준 선조들의 구체적 사례 6) 현의 지형이나 산업, 현 안의 특색이 있는 지역

먼저 3학년과 4학년은 지역에 관한 학습으로 묶어 편성하고 있다. 지역사회를 대상으로 한 지역 학습을 각각의 지역과 밀착하여 전개할 수 있도록 내용을 구성하고 있다. 주된 내용으로는 시(구, 정, 촌)의 모습, 지역 생산 활동과 소비 활동, 지역에서 음료수, 전기, 가스의 확보와 폐기물의 처리, 지역에서 재해와 사고로부터 안전을 지키기 위한 노력, 지역의 발전을 위해 노력한 사람들의 활동, 현의 모습과 특색 등이 있다. 3)의 지역 사람들의 건강 생활이나 양호한 생활환경을 지키기 위해 여러 가지 활동을 알아보는 내용을 보아 환경과 인간의 상호 관련성을 강조함이 엿보인다.

학년의 내용
[5학년] 1) 우리나라의 국토의 모습과 국민생활과의 관련 2) 우리나라의 농업이나 수산업(식료생산)의 모습과 국민생활과의 관련 3) 우리나라의 공업의 모습과 국민생활의 관련 4) 우리나라의 정보산업 등의 모습과 국민생활과의 관련

5학년은 산업과 국토 학습을 중심으로 편성하였는데 조사 활동을 통한 자료 활용 학습이 구체적으로 이루어지도록 구성되어 있다. 5학년 사회과의 주된 내용은 일본의 농업과 수산업, 공업, 무역의 특색과 운수업, 정보산업, 국토의 모습에 관한 내용 등으로 구성되어 있다. 5학년 학습 내용에서는 단순히 일본의 산업과 국토의 모습에 대해 아는 데 그치는 것이 아니라 산업과 국민생활의 관련성을 중시하고 있다는 것

을 알 수 있다.

[6학년]
1) 우리나라의 역사상의 주요한 사건과 현상
2) 우리나라의 정치가 하는 일, 일본국 헌법의 사고방식
3) 우리나라와 관계 깊은 나라 사람들의 생활 모습, 국제사회에서 우리나라의
   역할

6학년은 역사 학습, 정치에 관한 학습, 국제이해에 관한
학습의 3가지로 구성되어 있는데, 일본의 역사에 관한 학습
이 2분의 1 이상을 차지하고 있다. 역사 학습은 인물의 구체
적인 활동과 문화유산을 중심으로 편성하였는데, 주요 내용
은 역사상의 대표적인 사상, 무로마치 시대와 에도 시대의
문화에 걸친 인물의 활동으로 구성되어 있다. 정치에 관한
학습은 추상적인 학습이 되지 않도록 구체적인 사례를 통하
여 정치의 역할과 일본 정치의 사고방식에 관한 것을 학습하
도록 되어 있다.

글로벌교육과 관련된 내용 요소가 직접적으로 반영되어 있
는 부분은 6학년의 (3)번 내용이다. 국제이해에 관한 학습은
일본의 국제 교류 및 국제협력의 모습을 구체적인 사례를 들
어 편성하고 있는데, 이문화 이해의 중요성, 세계에서 수행하
는 일본의 역할, 일본과 관계가 깊은 나라 사람들의 생활 모
습 등으로 구성되어 있다. 앞서 2장에서 내용 요소로 추출했
던 국제 교류와 다문화 이해가 주된 학습 내용이라고 할 수

있다.

다음으로 내용의 개선 사항을 살펴보면 지역사회와 관련하여 자신 주변의 지역이나 시(구, 거리, 마을)의 지형, 토지이용, 공공시설 등에 관련된 내용에 대해 '옛날부터 남은 건축물'을 새롭게 추가하였다. 또한 지역의 사람들의 건강을 지키기 위해 여러 가지 활동에 관계한 내용에 대해서는 '자료를 활용하기'나 '양호한 생활환경(의 유지와 향상에 기여하는 것을 생각하기)'를 추가하였다.

또한 절수나 절전 등 자원의 활용에 대해서도 다루고, 사회생활을 영위하는 데 중요한 법에 대해서도 다룬다. 그리고 지역 사람들의 안전을 지키기 위해서 여러 활동에 관계된 내용에 대해서는 '재앙과 사고에서 사람의 안전을 지키는 공부'가 추가되었다. 지역의 문화재나 연중행사에 관계한 내용에 대해서는 '지역에 남아 있는 (문화재나 연중행사)'가 '지역의 사람들이 이어가는 (문화재나 연중행사)'로 개정되었다.

일본의 국토와 산업에 관련된 학습의 개선 사항을 보면 일본의 국토의 모양이나 국민 생활의 관련에 대한 내용에서는 새롭게 '지구의 활용하기'나, '세계의 주요한 대륙과 해양', '주요한 나라의 명칭과 위치', '자연재해의 방지'가 추가되었다. 지금까지의 '국토의 위치'에 관해서는, 그것과 관련하여 채택된 '영토'를 '우리나라의 위치와 영토'로 하였다.

'기후조건'에 대해서는, 3학년과 4학년부터 학습해온 '지형

조건'을 포함하여 '자연조건'으로 개정하였다. 또한 지금까지의 '국토의 위치'의 지도에 대해서는 '일본의 영토와 주변 여러 나라를 채택할 것'을, '주요한 나라'에 대해서는 '주변의 여러 나라를 포함하여 채택할 것'으로 개정하였다.

일본의 역사에 관련된 학습의 개선된 부분을 살펴보면 제6학년 일본의 역사 학습에 관해서는, 일본의 전통이나 문화에 대해 이해를 깊게 하고, 존중하는 태도를 기를 것을 한층 중시하여, 무로마치 시대, 새로운 학문과 관계한 내용을 다양한 독립된 항목으로 다루어, 내용의 제시 방법을 재구성함과 동시에 다음과 같이 개정을 도모하였다.

또한 '중요문화재로 지정된 것이나, 머지않은 세계문화유산에 등록된 것 등을 채택하여, 우리나라의 대표적 문화유산을 통해 학습할 수 있도록 배려할 것'을 추가하였다. 무로마치 문화 등 새로운 학문에 관계된 내용에 대해서는 '건축물이나 회화', '가부키', '국학이나 난학(蘭學)'에 대해서는 다양한 것 중 어느 것을 선택하여 다루는 것이 가능함이라는 내용의 취급을 삭제하였다.

이를 통해 공통적으로 과거와 현재라는 시간을 연관된 것으로 인식할 수 있도록 교육과정이 개선됨을 알 수 있다. 또한 생활환경이나 자연, 재해 등과 인간의 삶과의 관련성에도 주목하고 있음을 알 수 있다. 그리고 자국 문화에 대한 내용을 더욱 강조하고 있음을 엿볼 수 있다. 특히 주목할 만한 것은 국제이해에 관계된 학습 내용의 개선인데, 일본과 유대가 깊은 나라 사람들의 생활 모습, 국제사회에서 일본의 역할과 관계된 내용이 추가되고 새롭게 '지구의(地球儀)'에 대한 내용을 다루게 되었다는 점에서 국제이해, 다문화이해를 교육과정상 상당히 강조하고 있음을 알 수 있다.

초등학교 사회과 학습지도요령의 내용적 측면을 글로벌교육의 관점으로 검토하면 국제 교류, 다문화이해가 직접적으로 반영되어 있다. 환경과 인간 생활의 관련, 산업과 인간의 관련, 국토와 인간의 관련을 중요시한다는 점에서 간접적이지만 글로벌 시스템으로서 인간과 환경과의 상호 관련성을 중요시하고 있음을 엿볼 수 있다. 하지만 아직 글로벌교육 내용 요소가 커리큘럼에 적극적으로 반영되어 있다고 보기는 어려울 것이다. 인류가 직면한 글로벌 이슈의 해결에 대해서 어느 학년에서도 독립된 단원으로 제시하고 있지 않고 부분적으로 반영되어 있기 때문에 집중적인 글로벌 학습의 전개가 다소 어렵다고 할 수 있다.

또한 우려되는 것은 '국제이해교육의 충실'과 '글로벌 관점에 입각한 교육의 추진'이라는 양자가 상충할 수 있다는 것이다(Tetsuo TSUJIMURA, 2005: 10-11). 학습지도요령에 세계에 대한 학습이 언급되어 있기는 하지만 그것은 일본과 관계 깊은 나라를 알아보는 일본 중심의 관점이 강하다고 할 수 있다. 아직까지는 다른 나라의 사람들과의 교류의 활성화,

물건, 정보의 교류 활성화 등 국가 간에 의존 관계가 상승하는 가운데, 국가의 존재를 전제하여 자국의 입장에서부터 타국의 이해를 추구하고 타국 사람들과의 긴밀한 교류 촉진을 추구하는 국제이해의 관점이 강하다고 할 수 있다.

글로벌교육은 국가의 이해를 초월하는 대단히 이상적인 사고방식이다. 또한 오늘날 각국의 이해를 우선하여 해결할 수 없는 문제가 여러 형태로 존재한다는 점에서 국가의 이해를 초월하지 않는 이상 세계의 장래를 전망할 수 없다는 현실에 입각한 사고방식이라 할 수 있다.

세계의 상호 의존 관계가 깊어지는 가운데 국가를 초월하여 세계 문제에 적극적으로 참여하고 해결할 수 있는 지구시민을 기르기 위해서 지구적인 주제의 교육 내용을 커리큘럼에 적극적으로 편성하여 체계적으로 조직하려는 노력이 필요할 것이다.

4. 일본 초등학교 글로벌교육 사례

오늘날 국제사회는 핵에너지의 관리, 환경 보전, 인권과 평화 확립 등 여러 가지 과제를 안고 있는데, 이들은 지구와 인류의 존망을 좌우할 만큼 심각한 것들이다. 세계 각국은 이러한 과제의 극복과 자국의 경제 및 정치 발전을 위해 상호 의존과 협력을 구축해야 하는 과제를 동시에 가지고 있다.

전 세계가 일일생활권에 들어오고 지구 시민들 간의 상호 의존성이 확대되고 있는 오늘날, 지구를 보존하고 다양성을 지키며 전쟁 등의 위협 속에서 평화와 화합을 이뤄내기 위해서는 미래 세대인 학습자에게 글로벌 시민 의식을 증진시키는 것이 해결책이 될 수 있을 것이다.

앞서 살펴본 바와 같이 지난 반세기 동안 '국제화'라는 말은 일본 교육의 키워드가 되어왔고, 글로벌 사회를 향한 다양한 노력들이 지속적으로 이루어져 왔다. 글로벌 시민 의식을 기르기 위한 각 주체들의 노력은 학교 및 교실 현장을 변화시키고 있다. 이번 장에서는 2장에서 일본 글로벌교육의 내용 요소로 추출한 국제 교류, 다문화이해, 평화, 글로벌 시스템의 수업 사례의 실제를 알아보고자 한다. 일본 교육의 현장에서 글로벌 시민 의식을 증진시키기 위해 어떤 노력을 기울이고 있는지 실제적인 논의를 펼쳐 그 시사점과 가능성을 탐색해볼 것이다.

(1) 국제 교류의 사례

국제 교류는 일본이 교육국제화를 위해 글로벌교육의 성립기에서부터 가장 앞서 강조되어 온 활동이라고 할 수 있다. 여기서는 문부성에서 나온 국제이해교육 지도 사례집에 나타난 국제교류활동사례(文部性, 2002: 25-35)를 살펴보도록 하겠다.

본 사례는 전교생이 다양한 국제 교류 활동에 참여하여 다른 사람을 이해하고 협력하며 존중할 수 있도록 학교 차원의 프로그램을 운영하고 있다. 국제 교류 활동을 통해 국제적인 관점을 가진, 인간성이 풍부한 아동, 다른 사람의 의견을 잘 듣고 자신의 생각을 풍부하고 정확하게 표현할 수 있는 아동, 자국이나 타국의 문화, 습관을 정확하게 이해하고, 그 가치를 존중할 수 있는 아동, 서로의 다른 점을 인정하고 존중하며 협력할 수 있는 아동을 기르는 것을 목표로 하고 있다.

이문화 이해, 인간 이해, 자기 표현력과 커뮤니케이션 능력의 육성을 중점으로 지도하고 있으며 자국과 외국의 생활이나 문화의 다른 점을 편견 없이 이해하고 그것의 태도를 기르는 데 힘쓰고 있다. 자신의 사고방식이나 풍습, 습관을 갖고 생활하는 사람이나 민족을 깊이 이해하고, 상호 협력, 협조하며 서로 존중하는 생활을 하는 능력이나 태도를 육성할 것을 강조한다. 그리고 단순히 어학 능력만이 아니라 자기의 생각을 분명히 표현하고 문제 해결 능력, 분석력, 사고력, 표현력, 창조성을 기르는 것을 중요시한다.

본 사례에서 저학년, 중학년, 고학년별 목표로 하는 어린이상은 다음과 같다(文部省, 2002: 25).

표 5. 학년별 어린이상

	이문화 이해	인간 이해	커뮤니케이션
저학년	자기 주변의 지역에 있	상대의 입장을 생각하고	잘 생각해서 자

	는 자연이나 문화에 관심을 가질 수 있다.	서로 도울 수 있다.	기 나름의 방법으로 표현할 수 있다.
중학년	자기와 관계 깊은 생활을 통해 자국과 타국의 문화, 습관에 관심을 가질 수 있다.	상대의 입장을 상호 이해하고 서로 도울 수 있다.	상대의 생각을 듣고 이해하고 자신의 생각을 상대가 이해하기 쉽게 표현할 수 있다.
고학년	자국과 타국의 문화를 공감적으로 이해하고, 가치를 확인할 수 있다.	서로의 생각이나 입장을 이해하고, 상호 신뢰를 갖고 협력할 수 있다.	다른 생각을 인정하고 상대의 입장을 생각하면서 자신의 생각을 정확히 표현할 수 있다.

저학년에서는 생활과, 중학년에서는 학급활동, 고학년에서는 사회과를 통해 국제 교류 활동이 이루어지고 있으며 수업의 측면을 살펴보면 체험을 중시하는 교육, 개성을 중시하는 교육에 적극적으로 대응할 것을 요구하고 있다. 또한 학교만이 아니라 가정과 지역에서도 적극적으로 연대할 것을 주장하며, 학생과 관계 맺는 교사의 태도나 학습의 장이나 대상을 재점검할 것을 강조하고 있다.

또한 외국인과 직접 만날 수 있는 기회를 가질 수 있도록 실시하는 교류 활동을 통해 아동들은 서로의 차이를 인정하고 존경하는 마음과 태도를 기르고 자기표현 능력을 신장한다. 또한 자국과 타국의 문화와 습관을 아는 것을 목표로 하고 있다. 교류 활동의 상대는 뉴칼레도니아 초등학교·중학교, 마라톤 대회에 참가하는 뉴칼레도니아 선수단, 초등학교

급의 아메리칸스쿨, 조선초중급학교, ALT, 몽골 유학생 등을
대상으로 한다(文部性, 2002: 27).

표 6. 외국인과의 교류 활동

교류 대상	대상	시간 설정
뉴칼레도니아 중학생	전교 아동	각 학급 참관
뉴칼레도니아 마라톤 선수단	전교 아동	각 학급 참관
아메리칸스쿨	전교 아동	학교 행사
조선초등학교 4학교	3학년	학급 활동
아메리칸스쿨 2학년	1, 2학년	생활과
유학생	4학년	학급 활동
ALT	동아리 회원	동아리 활동
몽골 유학생	전교 아동	국어과

모든 교류 활동은 학교 정원에서는 15분 정도에 걸쳐 진
행되는 환영회로 시작한다. 개회사를 통해 모임의 취지와 교
류 상대를 소개하고, 아동 대표가 환영 인사를 하고, 교류 상
대교의 아동 대표가 인사를 하고 폐회사를 하는 순서로 구성
이 된다. 환영식의 입·퇴장에서는 학교의 오케스트라가 음
악을 연주하고, 환영식이 끝나면 전교와 각 학년의 교류 활
동이 본격적으로 시작된다.

먼저 뉴칼레도니아 중학교와의 교류 내용을 구체적으로 살
펴보겠다. 연간 계획을 세워 이루어지는데 7월에 교류에 대
한 이야기를 나누게 되고, 10월에는 뉴칼레도니아에서 소개
하는 비디오를 발송해주게 된다. 11월에는 일본에서 전람회

작품과 편지를 보낸다. 이듬해 3월에는 마라톤 대회에 참가하기 위해 일본에 온 선수단이 학교에 방문하면, 전교 아동에 의한 환영회가 열리고, 1학년 음악 수업, 5학년 도화 공작 등의 수업에 참관하게 된다.

그리고 11월에는 다시 뉴칼레도니아 중학교 학생과 교사, 통역원이 학교를 방문하여 환영회를 갖고 홈스테이 가족들과 대면식을 가진다. 이들은 모든 학년, 모든 교실의 수업을 참관하고, 전교 아동에 의해 각종 교류회가 열린다. 이듬해 3월에 또다시 뉴칼레도니아 마라톤 선수단이 방문을 한다. 국제 교류 활동은 단발성 행사로 끝나는 것이 아니라 이렇게 장기간에 걸친 프로젝트로 진행된다.

뉴칼레도니아 학교와의 교류 활동에서는 언어 장벽이 가장 큰 문제이다. 뉴칼레도니아는 프랑스어를 사용하는 나라이기에 의사소통이 불가능하여 아동이 쓰는 편지나 뉴칼레도니아에서 보내오는 편지를 번역해주는 사람이 필요한데 지역의 자원봉사자나 보호자 중에서 협력하고 지원해주는 사람들이 많아 교류 활동이 성공적으로 이루어질 수 있다고 한다.

또한 교류 활동 중에 학생들은 등교 시간부터 함께 생활하게 된 외국인 친구와 처음에는 어색하여 멀찌감치 떨어져 바라만 보는 어린이들도 적지 않았으나, 이렇게 다양한 학습 활동을 통해 시간을 함께 보내며 서로를 깊이 이해할 수 있게 된다고 한다. 외국인과 아동이 직접 만날 기회를 제공하고, 함께 공부하고 함께 생활하며 다른 문화에 대한 깊은 이해가 가능할 것이다.

다음으로 아메리카 군 기지 안의 아메리칸스쿨과의 교류 활동도 이루어진다. 처음에 교류를 시작하기 위해 교사를 통해 개별적으로 연락을 취해 기지의 여러 가지 조건을 고려하는데, 그중 한 학교에 교류를 신청하게 되었다고 한다. 처음에는 교원이 방문하여 학교 내를 견학하고, 그 뒤 양 학교의 담당자와 교장이 협력하여 저학년 아동의 교류를 하게 되었다고 한다.

체육관에서 전교 아동이 참여하는 가운데 음악 클럽의 연주회가 열리고, 1·2학년 아동들은 생활과에서 배우는 내용과 관련지어 감자 파티가 열린다. 시 운동장에서 2학년 아동을 대상으로 특별활동에 속하는 스포츠 교류회를 열고, 전교 아동을 대상으로 음악 클럽 연주회와 각종 게임, 폐회식 등을 여는 등 아메리칸스쿨과는 다양한 행사 형식의 교류회가 열리고 있음을 알 수 있었다.

한편 시내에 있는 유일한 외국인 학교인 조선초중급학교와도 교류 활동이 이어진다. 학교 가까이에 존재하지만 그동안 아무런 교류가 없었던 조선초중급학교의 어린이들과 직접적으로 교류하고 싶다는 학생들의 적극적인 신청이 들어와 시작하게 되었다고 한다. 교정과 시청각실에서 전교 아동에 의한 환영식이 열리고, 3학년 학생들에 의해 팽이 만들기, 우유 팩으로 장난감 만들기 등의 활동을 한다고 한다.

아이들은 처음에는 외국인과 교류한다는 점에 긴장감 때문에 거의 대화하지 못하고 팽이 만들기에 열중하다가 서로 준비물을 빌리고 궁금한 점을 물어보고 가르쳐 주면서 점점 친해질 수 있다. 또한 뉴칼레도니아 학교나 아메리칸스쿨 어린이들과의 교류를 경험했기 때문에 조선학교와의 교류는 점차 부드럽게 진행되고 즐거운 시간을 가질 수 있게 되었다고 한다.

본 사례를 통해 학교 전체가 아동의 체험, 개성, 지역의 연대 등을 중시하여 다양한 교류 활동을 실천하고 있다는 것을 알 수 있었다. 이러한 교류 활동을 통한 교육이 이루어지기 위해서는 많은 노력이 수반되지 않으면 안 될 것이다. 학부모나 지역 주민들이 의지를 가지고 적극적으로 지지해줄 때 성공할 수 있는 사례이며, 특정 지역이나 환경에 대한 연구 없이는 실현하기 어렵다고 할 수 있다.

국제 교류를 통하여 학교 전체가 사회적·문화적 다양성의 이해를 향해 한 걸음 더 다가갈 수 있을 것이다. 각 교과와 도덕, 특별활동 시간에 실시되는 국제 교류를 통해 어린이들은 사회적·문화적 다양성을 배우고 풍성한 인간성을 착실히 습득해나갈 수 있을 것이다. 또한 학습자는 외국인을 보다 가깝게 느끼고 친근감을 가질 수 있을 것이다. 나와 여러 가지 배경이 서로 다른 다양한 사람과 함께 마주할 기회를 많이 가짐으로써 언어가 잘 통하지 않고 문화가 서로 다르더라도 서로 마음이 통할 수 있다는 것을 배울 것이고, 서로 이해하고 포용하려는 마음을 기를 수 있으리라 기대된다.

(2) 교과 융합을 통한 다문화 교육 사례

1980년대에 들어서면서 일본에 새롭게 이주하는 외국인이 증가하면서 다른 문화 이해에 대한 중요성을 강조하기 시작하였다. 외국인은 함께 살아가는 공생관계라는 인식이 자리하면서 현재 일본사회는 점차 사회적·문화적 다양성을 추구하고 관용과 이해를 증진시키기 위해 적극적인 노력을 하였다. 구체적인 학교 차원의 프로그램 운영을 살펴보도록 하겠다.

각 교과 연대를 통한 다문화 교육 사례(文部性, 2002: 111-127)는 초등학교 5학년에서 '일본과 세계'라는 총합 단원을 구성하여 각 교과가 어떻게 연대하여 일본 전통 공업의 학습에 대하여 실천하고 있는지를 횡단적으로 보여준다. 이 사례에서는 각 정규 교과, 도덕 시간, 특별활동을 묶어 '국제 교육'이라는 주제를 다룬다. 여기서는 아동 한 사람 한 사람의 다양한 사고방식, 가치관을 인정하고 세심하게 대응할 것, 아동의 활동 내용이나 표현 방법이 다양해지도록 할 것, 아동이 다양한 관점을 가지고 사회, 자연, 사상의 풍부함을 실감할 수 있도록 할 것, 아동의 발표의 장을 설정하여 높은 가치관을 형성할 수 있도록 도울 것을 목표로 하고 있다.

‘일본과 세계’라는 총합 단원의 목표는 일본의 산업과 문화 중에서 외국과 관계 깊은 것이나 외국과 서로 영향을 주고받는 것에 관심을 갖도록 하는 데 있다.

학습 활동적 측면을 살펴보면 한 과제를 복수의 교과를 통해 탐구할 수 있도록 설정하고, 다양한 학습 활동을 전개한다. 또한 팀티칭을 도입하고 지역 인재의 적극적인 협력을 받는다. 교사의 재량으로 1단위로 구성된 시간을 일부 탄력적으로 설정할 수 있다는 특징이 있다. 타문화 교육이 독립 교과의 한 단원으로 다루어지는 것이 아니라 여러 교과를 통합한 형태로 학교의 재량에 따라 목표가 설정되고 교육과정이 편성되고 탄력적으로 운영됨을 알 수 있다.

이번 사례에서는 각 과목을 연계한 횡단적인 학습을 통해 문화 이해가 이루어지도록 전개된다. 그 내용은 첫째, 내가 사는 나라에 관심을 가지고 일본과 세계의 연결성에 주목한다. 둘째, 일본의 경제나 문화적 측면이 세계와 긴밀히 연결된 것을 이해한다. 셋째, 내가 사는 나라에 관심을 가짐과 동시에 내가 사는 것과 같이 다른 나라의 문화와 습관을 존중하는 태도를 기른다는 것이다.

학습 내용과 계통의 설정을 보면 외국과의 무역 등 경제와 연결된 내용, 문화, 인권, 국제 교류와 관련된 내용으로 구성된다. 특히 5학년의 지도 내용을 보면 일본의 전통과 관련 내용이 많으므로 일본 문화의 이해와 경제 면에서 깊이 연관

표 7. 다문화 교육

	경제	자국문화	이문화	국제 교류	인권학습
관심		<도화 공작> ·점토로 만드 는 것 <도덕> ·전쟁과 전통 삿갓			<도덕> ·친구가 필요해 ·송이버 섯 도난 사건
이해	<도덕> ·세계 속의 일본 ·해외 자원봉 사 <사회> ·세계를 연결 하는 무역	<도덕> ·일본의 보물 <국어> ·짚신 속의 하 느님 <음악> ·일본의 가락 과 친해져요	<특활> · 세 계 를 아는 주간 <음악> ·후라망고	<특활> ·캄보디아 어린이 대사 와의 교류	<평화> ·히로시 마를 달 리는 리 티아 선 수 <국어> ·미래로 눈을 향 해요
행동	<사회> ·우리 삶과 무역 ·지구 속 일 본의 수산업 ·우리 삶과 공업 생산 ·일본의 농업	<사회> ·우리 동네의 전통 기술을 탄 생시킨 공업 <도화 공작> ·도자기 만들 기	<체육> ·포크댄스 <음악> · 하 늘 을 바라보며	<도덕> ·거친 파도 를 넘어서	<도덕> ·우리의 치마저고 리
		<특활> ·더 알고 싶은 일본 문화 <사회> ·여기는 ○○ ○발신국	<특활> ·캄보디아 사람들에게 배워요	<특활> ·캄보디아 사람들과 어 울려요	

출처: 文部省(2002: 114)

된 나라를 교육과정으로 편성하였다. 일본 전통문화를 아는 것은 타국의 문화를 존중하는 태도의 기초가 되기에 특히 중요하다. 또한 제3학년, 제4학년, 제6학년의 학습 내용과의 관련성을 충분히 고려하여 구체적 지도의 전개는 학습 단계를 '관심 갖는 단계', '이해 단계', '행동 단계'로 구분하여 옆과 같이 수립하고 있다.

'관심 갖기' 단계에서는 자기가 살고 있는 지역, 나라에서 전해지는 전통적인 것이나 행사에 관심 갖기, '이해' 단계에서는 내가 사는 지역과 나라에서 예부터 전해지는 것이 외국 문화의 영향을 받아 발전되거나 전승되어 온 것을 이해하는 것, '행동'의 단계에서는 자기 지역, 나라, 전통적 문화를 소중히 여기는 태도를 육성하는 것을 목표로 한다.

학습 내용을 구체적으로 경제, 자국문화, 이문화, 국제 교류, 인권학습의 다섯 가지 영역으로 분류하여 구성하고 있다. 먼저 관심의 단계에서 전통문화인 삿갓의 역사에 대해 이해하고(도덕), 점토 공작의 어려움을 경험하며(도화 공작), 다음으로 이어질 그 지역의 전통문화인 인형, 도자기의 학습에 대한 의욕이 고취될 수 있도록 한다.

이해 단계에서는 학구 내의 전통 공업인 도자기나 인형을 중심 소재로 삼아 전통문화에 대한 아동의 흥미를 이어가게 한다. 도덕이나 국어, 음악, 체육 등의 다른 과목들과 관련을 갖게 하여 아동으로 하여금 다면적인 일본 문화에 관심을 갖는 기회를 마련하고 보다 깊이 이해할 수 있도록 하였다.

행동 단계의 '○○○발신국' 등의 특별활동에서는 비디오 작품, 체험교실 등을 통해 지금까지 학습한 내용을 정리하고 표현하여 내면화할 수 있도록 도와준다. 과제 코스별 연구 활동에서는 비디오 코너나 체험 코너를 설치하여 학습자의 흥미와 관심을 충족시키고 조사, 토의 학습의 장이 되도록 한다. 비디오 자료를 보면서 각종 토의가 이루어져 활기 있는 활동이 진행될 수 있고, 다른 학년에도 영향을 줄 수 있다.

이러한 활동을 통해 전통 공업을 이어가는 지역 사람들을 만나고 교류하며, 어린이의 의욕을 충족시키고 일본 문화에 대한 애착을 갖도록 해준다. 체험활동을 통해 학습 의욕을 고취시키고, 전통 공예품을 만드는 어려움을 체험하며, 자신의 경험에 비추어 문화를 이해할 수 있게 된다. 또한 체험한 문화를 전교에 전하는 활동을 자신의 힘으로 계획하고 실행하여 학습자가 일본 문화의 전통을 알리고 표현하고 싶어 하는 마음을 충족시킬 수 있다.

이 사례는 국제이해교육의 한 부분으로 국어, 사회, 음악, 도화 공작, 도덕, 특별활동의 상호 연대를 통하여 일본과 세계에 관한 횡단적인 지도 전개를 보여준다. 이것은 특히 5학년 사회과에서 다뤄지는 지역의 전통 공업에 관한 학습 활동 중에서, 많은 사람들의 노력에 의해 전수된 것, 외국과의 관련성을 갖고 있는 것 등에 대해 '관심을 갖고', '이해하고',

'행동하는' 3가지 학습 단계로 설정한다. 다른 과목과의 관련을 서로 엮어서 국제이해교육을 진행시키고 흥미를 깊게 하기 위한 것이다. 이러한 교육 활동을 통해 학습자는 전통문화에 대한 이해를 깊게 하고 애착을 가지게 됨과 동시에 다른 나라 문화도 소중하고 존중해야 한다는 것을 체득할 수 있을 것이다. 각 과목의 연대를 통해 총합적으로 실시하고 있는 위 학교의 사례처럼 다양한 문화 이해 교육을 위한 더 많은 커리큘럼과 교재, 학습 환경의 연구가 진행되어야 할 것이다.

(3) 문화 충돌을 다루는 수업 사례

다음은 서로 다른 식습관을 통해 그 배경을 이해하는 문화 마찰을 다룬 수업의 사례(小原友行, 2002: 48-63)를 소개하고자 한다. 이 수업은 식습관을 소재로 한 것으로, 젓가락을 이용하는 식습관과 손을 사용하는 식습관에 대해 조사하고, 문화적 차이의 배경을 생각하고, 서로 다른 식습관에 대해 이해하는 것을 목표로 한다.

학습 제재로 구체적인 나라를 선택해야 하는데, 여기서는 몇 가지의 나라를 추상적으로 망라하는 식의 학습이 되지 않도록 유의해야 한다. 또한 지형이나 기후, 산업, 인구 등 각 국의 개요를 조사하는 것이 취지가 되지 않도록 유의해야 한다. 먼저 단원 구성의 예를 보면 다음과 같다.

표 8. 문화 충돌 단원 구성도 사례

단원 구성	아동의 사고의 흐름	목표
세계의 요리 (2시간)	나라에 따라 여러 가지 요리가 있다. 어떤 요리가 있을까?	나라에 따라 다양한 요리가 있음을 인식한다.
	이런저런 요리를 어떻게 먹을까?	요리와 식사 방법의 관계를 명확히 한다.
손으로 식사하는 습관과 젓가락을 사용하는 습관 (4시간)	주로 손을 사용하여 식사하는 나라와, 포크나 스푼, 젓기락 등을 사용하는 나라가 있는 것 같다.	식사 방법이 습관은 나라에 따라 다르다는 것을 안다.
	어떤 나라가 손, 포크나 스푼, 젓가락을 사용할까? 조사하여 지도와 표로 정리해보자.	식사 방법의 습관이 다른 나라를 지도나 표에 정리하는 것이 가능하다.
	젓가락과 손으로 식사하는 것, 어떤 좋은 점이 있을까?	손으로 식사하는 것과 젓가락을 사용하는 것의 좋은 점을 생각할 수 있다.
습관의 차이와 나라의 특색 (4시간)	식사 방법에 차이가 생기는 것은 어떤 이유가 있을까? 종교도 관계가 있을까?	손, 젓가락으로 식사하는 습관이 왜 생겨났는지에 대해 생각할 수 있다.
	식재료나 요리의 종류, 기후 등에 의해 식사 방법도 달라지는 것 같다.	요리나 종교 등의 차이에 의해 손을 사용하고, 젓가락을 사용하는 습관이 생긴 것을 관련지어 생각할 수 있다.
세계의 식문화 (3시간)	손으로 식사하는 나라와 젓가락으로 식사하는 나라의 요리나 식사 방법의 습관에 대해 좀 더 조사해보자.	손으로 식사하는 나라, 젓가락을 사용하는 나라의 식사, 습관, 문화에 대해 정리할 수 있다.
	<발전> 세계의 식문화에 대해 조사해보자.	발전적 테마에 관심을 갖고 조사할 수 있다.

출처: 小原友行(2002: 53)

앞의 단원 구성도의 3/13차시 전개의 예시를 구체적으로 살펴보고자 한다. 먼저 본 차시의 목표는 '손, 젓가락, 스푼, 포크 등의 식사 방법의 습관은 나라에 따라 다름을 알 수 있다'이다. 수업 과정에 따른 구체적인 목표, 아동의 반응과 활동, 교사의 지도에 대한 수업안은 다음 쪽의 표 9와 같다.

이 수업 사례는 문화의 현상적 이해에서 본질적 이해로 나아가고자 하는 노력을 보여준다. 인류는 모두 처음에는 손으로 식사를 하다 시대가 흐르면서 나이프, 포크, 스푼, 젓가락 등의 도구가 사용되었기 때문에 아이들은 손으로 식사를 하는 것이 도구를 사용하는 것보다 비문화적이라 생각할 가능성이 있다. 이 수업에서는 손을 사용하는 식습관, 젓가락을 사용하는 식습관 어느 쪽이 더 청결할까? 혹은 어느 쪽이 더 바람직할까? 같은 위험한 발문을 통한 가치판단보다는 각각의 좋은 점이나 편리함에 초점을 맞추어 수업을 진행되고 있었다.

문화는 본래 다양한 요인과 관련하여 성립되기 마련이기에 글로벌교육에서는 문화의 복합적인 문제를 다루게 된다. 식문화 역시 마찬가지로 그 지역의 식재료나 기후, 토양, 종교, 자원 등의 영향을 받아 그 차이가 생기기 마련이다. 6학년들이 이 모든 것을 종합적으로 학습하기에는 무리가 있는 것이 사실이지만 단순히 문화를 현상적으로 이해하는 것이 아니라 본질적으로 이해할 수 있도록 이러한 부분을 다루고 교재화

표 9. 문화 충돌 단원 수업안

목표	아동의 반응과 활동	교사
① 요리에 따라 식사 방법이 다른 것을 상기할 수 있다.	○ 요리에 따라 다양한 식사 방법이 있구나. ○ 일본에는 원래 젓가락을 사용했지만 언제부터 사용하기 시작한 걸까?	· 전시 학습을 상기시킨다. <자료> '세계 나라의 요리(종류)'
② 젓가락을 사용하는 나라들을 자료에서 읽을 수 있다.	○ 7세기 즈음에 처음 전해져서, 8세기 나라 시대에 젓가락이 보급된 걸까?	'일본 젓가락의 전래' <자료> '젓가락, 손, 카토라리-문화의 분포' · 간단한 그래프에서 확인한다.
③ 손으로 식사하는 문화에서 지역에 의해 도구를 사용하는 문화로 변해 온 것이 있음을 알 수 있다.	○ 주로 손을 사용하여 식사하는 사람들이 생각보다 많구나. ○ 언제부터 젓가락이나 포크, 스푼이 생겼을까?	<설명> 카토라리-식문화 <자료> '카토라리-식문화의 역사'

젓가락을 사용하는 나라는 얼마나 있는 걸까?

젓가락	손	카토라리
일본, 중국, 한국, 대만, 베트남 등 약 28%	동남아시아, 중동, 아프리카 등 약 44%	유럽, 아메리카, 러시아 등 약 28%

목표	아동의 반응과 활동	교사
④ 식문화가 여러 생활양식과 관련 있음을 알 수 있다.	○ 젓가락이나 나이프, 스푼 등의 도구는 여러 가지 것들과 관련이 있다.	· 식사에 사용되어 온 도구가 다양한 생활양식과 관련 있는 것을 어린이들의 관점에서 연구할 수 있도록 한다.

젓가락을 사용하는 나라는 세계의 약 4분의 1이다. 젓가락과 손, 나이프, 스푼 등을 사용하는 습관은 생활이나 문화와 관계가 있다.

목표	아동의 반응과 활동	교사
⑤ 다음 차시의 과제를 제시한다.	○ 젓가락, 손, 카토라리-식문화의 지역에 따른 요리의 종류를 지도에 정리해보자.	

하는 것이 필수적이라 할 수 있다.

또한 본 사례를 통해 학습의 형태가 이해하는 학습에서 생각하는 학습으로 전환되고 있음을 알 수 있다. 현재 일본에서는 여러 나라, 여러 지역의 음식이 소개되고 있고 생활 속에서 식습관과 관련해서도 글로벌화가 급속히 진행되고 있다고 할 수 있다. '일본식(日本食)'이라 해도 어디까지를 일본식으로 규정할 수 있을 것인가 기준이 불명확하고, 양식(洋食)이라고 해도 점점 삶 속에 자리 잡아 일본식화 되고 있다고 할 수 있다.

그 예로 카레라이스는 현재 일본인의 입맛에 맞게 형태가 변화하여 일상에 뿌리내렸고, 반대로 스시 등의 일본식은 세계에 널리 알려져 각 지역의 특성에 적합하게 변화하고 있다. 두부, 일본 소주 등도 세계에 널리 퍼져 일본식 메뉴를 고정적으로 생각하기에는 더 이상 무리가 있다. 손가락, 젓가락, 카토라리 식사에서도 점차 그 경계가 희미해져 어린이들은 일상생활 속에서 음식에 따라 모든 방식으로 식사를 한다고 할 수 있다. 이렇게 표면적인 정황을 이해하는 학습에서, 더 나아가 왜 이런 현상이 나타날까를 조사하는 과정에서 글로벌화를 이해하고, 서로 관계성을 생각할 수 있는 학습, 사고를 전환할 수 있는 학습으로 이어진다고 할 수 있다.

지구화 시대의 우리는 모두가 사회 공동체의 일원임을 깨닫고 조화롭게 생활하며, 서로의 개성을 존중하는 사회가 되도록 지도해야 할 것이다. 특히 아동기에 발달하는 다른 사람의 생각과 감정을 상상할 수 있는 능력인 조망수용능력 (perspective taking)은 다른 사람에 대한 이해 및 사회성을 진전시키는 데 도움이 될 것이다. 어린이들은 이러한 다문화 이해 수업을 통해 타인의 입장을 고려하고 배려하며 다른 사람과 더불어 조화롭게 살아갈 수 있을 것이다.

개개인이 사신의 존재성을 자각하고 다양한 문화가 섞여 한데 어우러져 있는 가운데 자신의 정체성을 확립한다. 그리고 유동적으로 항상 변화해나가는 자신이라는 것을 배척하거나 두려워하지 않고 인정하게 되면, 서로 다른 문화적 배경을 가진다 하더라도 편견이나 차별 없이 온전히 타인을 받아들이고 공생하는 환경이 만들어질 수 있을 것이다.

(4) 지역 소재를 활용한 평화교육의 사례

일본의 평화교육은 크게 두 가지로 생각할 수 있다. 첫 번째는 민주주의, 인권, 상호 이해 등을 포함한 넓은 의미의 평화교육이다. 두 번째는 전쟁을 방지하기 위한 평화교육이라고 할 수 있다. 일본은 패전 이후 전쟁의 참담성이나 평화에 대한 소망 등을 후대에 전하기 위해 노력해왔다. 연구자가 논의할 평화교육은 후자이다. 구체적인 프로그램은 다음과 같다.

우선 지역 소재를 활용한 전쟁 학습의 사례(日本國際理解

敎育學會, 2010: 116-119)를 소개하고자 한다. 전쟁 학습은 6학년 사회과 6시간과 총합학습 시간 8시간을 합하여 총 14시간이 한 단원으로 구성하여 진행된다. 이 단원은 전쟁 학습, 평화 학습, 지역 학습, 그리고 교과서 비교 학습과 관련이 된다.

이 단원의 목표는 크게 관심, 지식·이해, 표현의 영역으로 설정되는데, 관심 영역의 목표는 가족 등 나와 가까운 사람을 통해 전쟁에 대해 듣고 조사하여 전쟁을 과거가 아닌 자신의 문제로 관심을 갖는 것이다. 그리고 지식·이해의 목표는 지역에서 발생한 전쟁의 비극에 대해 이해하고 자기 나름대로의 생각을 갖는 것이다. 표현 영역의 목표는 교과서 학습이나 현지 학습을 통해 알게 된 사실을 바탕으로 자신의 생각을 작문으로 표현하고 친구와 나눌 수 있는 것이다.

일본 초등학교 학습지도요령에 의해 교과서 개정이 이루어지면서 특히 역사 교과서의 변화가 일어났다. 생략된 부분이 많아지고 통사적 서술에서 토픽 중심의 서술로 변화하였다. 사회과의 수업 시간 자체도 줄어 체계적인 계획을 세워 지도하지 않으면 어린이들에게 정확한 역사 인식을 심어줄 수 없다.

특히 전쟁에 대한 단원은 어린이들 마음속에 각인되는 부분이 없이 단편적인 지식만 심어주어 학습자는 전쟁을 현재의 자신과는 상관없는 먼 과거로만 인식하게 되는 경향이 있다.

본 단원의 구체적인 차시는 다음과 같이 구성된다.

차시의 구성
1차: 전쟁에 대한 이야기 조사하기
2차: 어린이를 주인공으로 하는 영화를 시청하기
3차: 세계에 퍼져 있는 전쟁(1-5/6: 5시간)
다른 나라의 교과서와 비교하기(6/6)
4차: 지역에서 발생한 사건을 전하기
현지학습
5차: 정리하기

출처: 日本國際理解敎育學會(2010: 118-119)

이 단원의 수업은 구체적으로 다음과 같은 방식으로 진행된다. 우선 1차시에서 학습자가 전쟁을 나의 것으로 생각할 수 있도록 가족 등 나와 가까운 사람들로부터 전쟁에 대한 이야기를 듣는 기회를 많이 갖도록 한다. 그리고 2차시에서 어린이를 주인공으로 한 영화를 시청하여 어린이의 시점에서 보는 전쟁의 괴로운 생활을 느끼게 한다.

3차시에서는 지역에서 일어난 전쟁 중의 비극적 사건을 알고, 전쟁의 피해는 멀리서 일어난 것이 아니라 자신의 근처 지역에서도 발생한다는 것을 알게 한다. 4차시에서는 현지를 답사하고 실물을 자료로 삼아 당시의 모습을 생각해보는 기회를 마련한다.

더 나아가 아메리카, 필리핀 등 외국 어린이 교과서 기술을 살펴보고 전쟁에 대해 한 나라의 일면적인 관점으로 생각하면 안 된다는 것을 전한다. 마지막으로 활동을 돌아보며 전쟁, 평화에 대해 자신의 생각을 작문 형식으로 정리하며 전쟁을 자신의 문제로 주체적으로 여기고 적극적으로 생각하는 자세를 갖도록 하는 활동으로 이루어진다.

이러한 전쟁 학습을 실시할 때 지역 인사를 활용한 강사를 선택하기가 쉽지 않고 전쟁 증언을 해줄 강사가 전문가가 아니면 아이들 수준에 맞는 생생한 증언을 해줄 수 없다는 어려움이 있다. 이 사례에서는 이야기를 들려주는 지역의 강사가 실물이나, OHP자료, 키워드 종이, 다양한 시각적 자료를 활용하여 아이들 수준에 맞추어 이야기하여 아이들 마음속에 전쟁에 대해 생생하게 각인시켜 주는 것이 중요하다고 할 수 있다.

본 학습을 통하여 학습자는 어떤 이유에서도 전쟁이 절대 나서는 안 된다는 것을 깨닫고, 이 사회를 만들어갈 차세대의 주인으로서 평화에 대한 소망의 메시지를 표현할 수 있는 능력을 기를 수 있으리라 기대할 수 있다.

(5) 수학여행과 연계한 평화학습

다음은 6학년의 총합학습 시간을 활용한 평화 학습 사례 (日本國際理解敎育學會, 2010.09.15. 검색)를 소개하고자 한다. 본 사례의 핵심 내용은 전쟁, 평화, 역사 인식, 국제이해, 다문화 공생이고, 수업 방법은 참가형 학습, 이문화 체험 등을 활용하며, 특징적인 것은 히로시마로의 수학여행과 연계하여 진행된다는 점이다.

학습자들은 약 60년 전의 역사상의 사실을 현재 자신의 문제로 인식하기 쉽지 않다. 지금도 세계에서는 전쟁이나 분쟁이 계속되고 있지만 이러한 문제들을 풍요롭게 자라온 학습자들은 자신과 관계지어 생각하기가 쉽지 않다. 이 학교의 6학년은 매년 히로시마로 수학여행을 앞두고 사전, 사후로 평화 학습을 하여 전쟁과 평화, 역사를 나와 가까운 문제로 인식할 수 있게 한다.

이러한 평화 학습을 통해 성취하고자 하는 목표는 다음과 같다.

본 단원의 목표
---
1. 지구적 과제(전쟁과 평화)를 자신과 관계 깊은 문제로 붙잡을 수 있다.
2. 수학여행으로 히로시마에 가기 전·후 학습으로 평화에 대해 깊이 생각할 수 있다.
3. 아시아인의 눈으로 본 일본 (전쟁)에 대해 알 수 있다.
4. 평화를 이루기 위해 어떻게 하면 좋을까 생각하고 행동할 수 있다.

출처: 日本國際理解教育學會(2010.09.15. 검색)

평화 학습을 통해 학습자는 전쟁, 원폭의 피해로부터 그 비참함을 생각하고 평화로운 사회를 향해 자신은 어떤 노력을 할 수 있을까를 생각하지 않을 수 없다. 이러한 반성에서부터 어린이들은 평화를 자신과 매우 가까운 문제로 생각하게 된다. 또한 전쟁이 없는 상태가 평화가 아니라는 것을 깨닫고, 당장 현실에서 일어나는 차별이나 편견은 평화와 어떤 관계가 있는지에 대해 생각해볼 수 있는 계기를 갖게 된다.

이 수업이 이루어지기 위해서는 학교 측 6학년 담임선생님들과 NPO의 코디네이터가 수차례 만나서 학습 계획과 내용을 협의해야 한다. 또한 끊임없이 전화나 FAX 등을 사용하여 서로 의견을 주고받아 강사를 선정하고 수업에 대한 사전 계획이 철저하게 이루어져야 한다.

구체적인 수업 내용

<1차>
1. 우리 주위에 살고 있는 아시아 사람과 만나 친해진다(필리핀 인사, 국기 퍼즐, 타갈로그어, 자신의 고향 소개, 생활, 문화 등).
2. 학생들은 강사로부터 일본인에게 지금은 어떤 감정을 갖고 있는지를 듣는다.
3. 강사는 학생들에게 자신의 아버지가 일본병에게 괴롭힘을 당한 '전쟁의 기억'을 이야기한다(히로시마로 수학여행을 다녀온다).

<2차>
1. 글로벌 빙고로 자신과 세계와의 관계를 안다.
2. 히로시마에서 느꼈던 것을 발표하고 강사에게 궁금한 점을 물어본다.
3. 전쟁이 없으면 평화일까, 지역에 실제로 일어나는 일본인과 외국인과의 문제를 역할극으로 연기해보고, 그 해결방법을 생각해보고 모둠으로 발표한다.
4. 강사와 코디네이터로부터 멘트를 듣는다.

<3차>
1. 필리핀 요리를 다 같이 만들고, 식문화, 습관 등 필리핀을 이해하고 인간적 친밀감을 깊게 하고, 지역에 다문화 공생의 필요성을 느낄 기회를 갖는다.
2. 모든 활동에 대해 어린이들은 감상문을 쓰고, 담임교원은 코멘트를 한다.

출처: 日本國際理解敎育學會(2010.09.15. 검색)

재일 필리핀인으로 전쟁 중 일본군에게 큰 괴로움을 당한 친족을 가진 여성을 강사로 하여 3회 수업 내용을 계획한 사례를 소개하고자 한다. 3차에 걸친 수업의 구체적인 내용은 다음과 같이 진행된다.

본 수업을 통해서 학습자는 가까이에서 발생하는 외국인 차별이나 살인 사건과 같은 문제와 세계 평화라는 지구적 과제를 연결하여 생각할 수 있게 될 것이다. 또한 젠더, 인종차별, 편견, 격차 등에 관심을 갖고, 평등해지는 것이 평화와 이어진다는 것을 깨달을 수 있을 것이다.

지금까지는 '현재의 일본은 평화로워 다행이다' 등과 같은 감상에 그치는 평화 학습이 이루어진 것이 사실이었다. 하지만 이러한 수업을 통해 학습자는 세계에서 일어나는 전쟁이나 분쟁이 자신과 무관하지 않다는 것을 깨닫게 되고, 왜 전쟁이 일어날까에 대해 깊게 생각하게 될 뿐만 아니라 문제 해결에 참여하는 것이 필요하다고 느끼게 되는 등 의식의 큰 변화를 기대할 수 있을 것이다.

또한 필리핀 문화 소개 등을 통해 인간적 만남이 시작되면서 인간에 대한 친밀한 호의를 갖게 되어 그 사람의 슬픔, 괴로움을 공감하고 평화를 바라는 마음이 깊어지는 계기가 될 수 있다. 이 수업에서도 적절한 강사를 선택하는 것이 중요한 포인트인데, 이를 위해서 지역 NPO와의 연대가 중요한 역할을 한다. 신뢰 관계를 구축한 전문 NPO와 초기 단계부터 학습 계획을 세워나가는 것이 반드시 필요하다고 할 수 있다.

그리고 본 수업은 글로벌 빙고, 롤플레이 등의 참가형 학습 방법을 활용하여 학습자 중심의 자발적인 수업으로 연결될 수 있으며, 학습자가 타자의 다양한 의견을 듣고 공감하며 자신을 표현하는 과정에서 타인과 교류하고 소통하는 능력이 향상될 것으로 기대할 수 있다.

(6) 글로벌 시스템 수업의 사례

다음은 지구 환경 시스템의 변화에 의한 영향을 이해하고, 여기에 공헌하는 국가의 노력을 분석하여 글로벌 시스템의 개념 이해를 깊게 하기 위한 수업의 사례(中村哲, 2004: 194-199)를 소개하고자 한다. 먼저 글로벌 시스템 관련 수업의 학습 목표를 살펴보면 다음과 같다.

수업의 목표

· 환경 시스템의 사례학습을 위해 시스템과 글로벌 시스템의 개념을 이해한다.
· 지구 환경 시스템의 구성요소와 상호작용을 명확히 한다.
· 어떤 지역에서 발생하는 환경 시스템의 변화가 다른 나라의 사람들에게 어떤 영향을 미치는지를 분석한다.
· 환경 시스템의 변화에 대응하는 인간적·국가적 책임의식을 갖는 태도를 기른다.

본시 학습 목표는 4가지로 명시되어 있다. '환경 시스템의 사례학습을 위해 시스템과 글로벌 시스템의 개념을 이해한다'는 이미 학습했던 시스템의 개념을 확인하여 이 시스템이 자연환경과 관련되어 있음을 이해한다. '지구 환경 시스템의 구성요소와 상호작용을 명확히 한다'는 사회현상의 행위자로서 인간을 처음으로 모든 생물체가 살아가기 위해 필요한 자연환

경의 구성요소를 이해하는 지식 목표이다.

'어떤 지역에서 발생하는 환경 시스템의 변화가 다른 나라의 사람들에게 어떤 영향을 미치는지를 분석한다'는 자연환경의 구성요소가 파괴되면 타 지역이나 생물체에 많은 영향을 미치는 것을 사례학습을 통해 탐구하고 분석하는 능력 목표이다.

그리고 '환경 시스템의 변화에 대응하는 인간적·국가적 책임의식을 갖는 태도를 기른다'는 어떤 지역의 환경 시스템의 변화가 많은 지역 생물체에 영향을 주는 것에서 환경 시스템의 중요성을 인식하고 인류의 생존과 자연생물체의 보존을 위해 책임을 갖는 태도를 기르는 태도 목표이다. 즉 어린이가 사회 제 현상의 인과관계에 의한 변화의 사실을 찾아내어 자신이 글로벌 환경 변화의 행위자로서 바른 사고력과 글로벌 시민으로서의 태도를 기를 수 있도록 본 차시의 학습은 목표하고 있다.

이 수업의 학습 과정을 살펴보면 우선 시스템과 글로벌 시스템의 개념을 습득하는 것으로부터 출발한다. 그리고 환경이라는 용어의 개념을 정의하고 물, 공기, 토양, 산 등의 구성요소가 어떻게 상호작용하는지를 토의한다. 다음으로 환경 시스템은 학습자가 살고 있는 하나의 지역에서 국가, 세계로 확대되어 여기에 의존하는 모든 사람들과 사물에 영향을 주는 것을 설명한다.

각 학급을 5개의 소집단으로 편성하고 사례학습 카드를 나누어 분석한다. 그리고 그룹별로 사례학습 주제(산토스 화학공장 화재, 걸프전, 체르노빌 원자력 발전소 폭발, 산림 화재, 산성비)를 분석하고 변화의 원인과 영향을 주는 장소나 대상에 대해 설명한다. 어린이들도 활동이 끝나면 환경 시스템의 개념을 다시 한번 토의하고 확인한다.

본 수업 사례의 흐름은 다음과 같다. 먼저 도입 부분에서는 자연환경 요소가 각각 상호작용한다는 사실적 지식의 기초 위에 시스템의 개념적 지식을 습득하도록 되어 있다. 전개 부분에서는 자연환경 요소가 어떤 한 지역의 변화를 발생시킨다는 것을 이해하게 한다. 또한 행위자에 의해 자연환경이 파괴되면 어떤 결과가 발생하는지를 예상함으로써 어린이 나름의 경험적 지식에 의해 환경 변화의 요인과 결과분석이 이루어지도록 하고 있다.

자연환경 변화의 사례학습에 대한 인과관계적 사고과정을 통해 환경 시스템의 중요성을 의식화시킬 수 있다. 마지막으로 정리 부분을 통해서 학습자가 글로벌 환경문제에 관심을 갖고 사회현상의 주체자로서 이러한 문제 해결에 적극적으로 참가할 수 있는 태도 변화를 가질 수 있다.

이 수업은 현상적 테마로서 행위자와 구성요소의 상호작용에 의해 발생하는 환경문제를 통하여 어린이들이 글로벌 사회의 상호 의존성 개념을 이해하고 획득하도록 해준다. 어린

사례명	14. 하나의 지구	학습 시간	2
학습 대상	5-6	중심 개념	상호 의존성

<학습 목표>
· 환경 시스템의 사례학습을 위해 시스템과 글로벌 시스템의 개념을 이해한다.
· 지구 환경 시스템의 구성요소와 상호작용을 명확히 한다.
· 어떤 지역에서 발생하는 환경 시스템의 변화가 다른 나라의 사람들에게 어떤 영향을 미치는지를 분석한다.
· 환경 시스템의 변화에 대응하는 인간적·국가적 책임의식을 갖는 태도를 기른다.

학습 과정		학습 내용	학습 활동	학습 방법
	전시 학습 확인	시스템과 글로벌 시스템의 개념을 습득한다.	· 시스템은 어떤 공통적인 목표를 위해 구성요소가 함께 작용하는 관계요소의 체계이다. · 글로벌 시스템은 시스템이 세계적인 영역에서 상호작용하는 제 부분의 체계이다.	· 개별학습 · 전체학습
도입	문제 제기	· 환경이라는 용어의 개념을 정의한다. · 자연환경의 구성요소는 무엇일까 알아본다. · 학습문제를 알아본다.	· 환경 시스템은 생물체가 살아가기 위해 필요한 자연환경의 구성요소가 상호작용하는 체계이다. · 환경은 물, 공기, 토양, 산, 산림 등이 있다. · 글로벌 시스템으로서 환경구성요소의 상호작용과 변화에 의한 영향을 조사한다.	· 전체학습 · 개별학습
전개	문제 예상	일부 지역에서 발생하는 자연변화가 타 지역에 사는 사람과 환경에 어떤 영향을 미치는지 예상한다.	상호작용하는 환경구성요소의 변화에 의해, 타 지역과 사람들이 많은 영향을 받고 있다.	
	문제 탐색	· 아메리카의 태풍 전선의 이동은? · 허리케인의 이동은? · 환경 변화를 날씨	· 대서양에서 발생해서 아메리카 남부를 지나 동쪽으로 이동한다. · 날씨의 변화처럼 글로벌 환경 시스템도 국경을	· 조사학습 · 토의학습

		와 관련지어 설명한다. · 환경 변화의 원인과 변화의 영향은?	초월하여 이동하고, 변화의 원인을 발생시킨다. · 원인과 영향의 대상은 인간과 자연이다.	
문제 검증		· 세계적 이슈화가 되고 있는 5개의 사례학습을 통해 자연환경 변화를 분석한다. · 산토스 화학 공장 화재, 걸프전, 체르노빌 원자력 발전소 폭발, 산림 화재, 산성비를 알아본다. · 자료를 사용하여 변화와 영향을 지역에 표시한다.	· 각 그룹은 사례학습을 통해 변화의 원인과 영향을 분석한다. 환경 변화가 시작된 지역, 국가, 변화의 이동 경로, 변화를 받은 지역을 분석한다. · 각 그룹은 세계지도에 분석한 환경 변화의 발생지, 경로, 영향을 받은 대상 등을 표시한다.	· 모둠학습 · 조사학습 · 토의학습
정리	적용	지역 환경을 보호하기 위한 방법과 책임의식을 갖는다.	지역에서 발생하는 환경 문제에 관심을 갖고 스스로 해결하기 위한 태도를 갖는다.	개별학습

출처: 中村哲(2004: 196-197)

이들은 이러한 수업을 통해 변화하는 사회 시스템의 주체적 행위자로서 글로벌 환경에 책임을 갖고 글로벌 문제 해결에 적극적으로 참여할 수 있는 글로벌 시민성(global citizenship)을 기를 수 있으리라 기대된다.

정치적·경제적·문화적·사회적으로 상호 연결된 세계에서 살아가고 있는 오늘날 지구 사회 인식 및 국제적 자질 육성의 중요성이 점차 부각되고 있다. 일본에서는 글로벌화의 조류와 지구 환경문제의 심각화를 배경으로 글로벌교육이 주목을 받으면서 지구 시민성과 국제적 자질의 배양을 크게 강조하며 전인격적 교육의 중요한 기초로 인식하게 되었다.

날로 가속되고 있는 세계화 추세 속에 지구 사회 인식 역시 오늘날 어느 학교에서나 고심하는 부분이라 할 수 있는데, 지식 단계에서는 지도가 용이하지만 내면화, 습관화가 이루어지기까지는 상당한 노력이 필요하다고 할 수 있다. 지금까지 살펴본 일본의 글로벌교육의 전개과정, 교육 근거상에 나타난 글로벌교육, 수업 사례 등을 통해 추출한 일본 글로벌교육의 특징적인 부분을 정리해보겠다.

첫째, 자국과 자국 문화에 관한 내용이 증가하였다. 80년대까지만 하더라도 자국 문화에 대한 키워드는 없었으나 90년대에 들어 대폭 증가하여, 오늘날까지 이르고 있다.

교육과정심의회가 '일본의 문화와 전통을 존중하는 태도의 육성'이라는 답신을 제출하고 그에 따라 개정된 교육 과정상에는 자국 문화의 이해에 대한 항목이 추가되었다. 학습자에게 자국 인식과 국민적 자각을 함양시켜 국제사회를 살아가는 일본인을 육성하기 위한 교육으로 방향이 맞춰져 있다고 할 수 있다. 이는 일본 문화와 전통을 제일로 여기는 종래의 국가, 사회관의 연장선상이 아니라, 글로벌한 관점에서 '일본 문화와 전통'을 지구적 보편성에 입각하여 재조명해야 할 것이다.

둘째, 글로벌교육의 내용이 관념적인 것으로부터 점차 구체적인 것으로 변화하고 있다. 예를 들어 체험학습만 보더라도 1980년대에는 국제 교류, 국제 협조 등과 같은 단발적인 행사가 대부분이었지만 시간이 흐름에 따라 더 나아가 각 지역의 전통 예술의 습득, 개발도상국에 대한 지원 활동, 지역의 환경 정화 운동 참가, 리사이클 운동과 작품 전시회 등 구체적인 활동으로 그 범위가 넓혀지고 있다. 각 학교에서도 과거에는 '국제인의 육성'이라는 추상적인 목표를 제시했다면 오늘날에는 '다양한 시각과 사고를 키운다', '대화하는 힘, 표현하는 힘을 기른다' 등 구체적인 행동 목표를 제시하여 일상적 실천을 이뤄내고자 노력하고 있다.

셋째, 일본의 글로벌교육은 지역과 연대하여 이루어지고 있다. 그 주된 흐름으로 지역 교재의 활용을 들 수 있다. 그 지역의 문화재, 지역 인재의 활용, 지역의 전통 예술의 습득 등 지역에 뿌리를 둔 지역사회의 학습이 글로벌 관점에서 이루어지고 있었다.

따라서 학습자는 자신의 일상생활과 세계와의 관계성에 주목할 수 있고, 보다 현실적으로 학습 내용을 가깝게 받아들일 수 있게 된다. 이뿐만 아니라 글로벌교육에 지역의 물적·인적 자원이 유용하게 활용되고 있는데 학교 도서관이나 박물관을 비롯한 공공시설이나 상점 등이 교육의 현장으로 활용되기도 하고, 지역에 거주하는 외국인이나 유학생, 민간단체 등도 자원봉사로 이러한 활동에 적극적으로 참여하고 있었다. 다양한 인재의 활용을 통해 문화적 배경이나 삶을 달리하는 사람들과 교류함으로써 지식적 이해를 넘어서 공감 적 이해로 도달할 수 있다.

넷째, 새로운 교육의 패러다임이 확산되어 교육 문화를 변화시키고 있다. 지식 전달형 교사 주도의 주입식 교육에서 점차적으로 학습자 중심의 자주적인 학습 형태가 진행되면서 교육 현장에 바람직한 변화를 일으키고 있다. 과거에는 국제 사회에서 활약을 위해 단순히 어학 능력 향상이 크게 주목을 받아왔지만 점차 국제사회의 중요 문제에 대해 토의하고 의견을 정리하여 표현하는 능력이 새롭게 대두되고 있다.

토론, 토의 등 표현과 소통의 중요성이 강조되며 다양한 형태의 학습 방법이 시도되고 있으며, 학습자 개개인의 자질, 능력, 태도의 신장에 보다 집중하고 있는데, 이러한 변화는 글로벌교육의 세계적인 추세와도 맞물려 있다. 다음은 일본 의 글로벌교육이 지향해야 할 점이다.

첫째, 학교 차원에서 보다 주체적인 글로벌교육 과정 편성 이 요구된다. 글로벌교육의 본질적 특성이 교육 현장에서 실천될 수 있도록 창조적인 노력을 해야 할 것이다. 현재까지 일본에서는 공교육보다는 대안 교육이나 지역, 공공기관, 기업 혹은 대학 부설의 센터, 시민단체 등 민간에 의한 글로벌 교육 프로그램이 활발하게 진행되고 있는 것이 사실이다.

이러한 움직임이 개별적이고 단발적인 형태로 끝나지 않도록 학교교육 차원에서 교육 목표나 교육 내용, 프로그램을 종합하고 일반화시켜 실천하고자 하는 노력이 필요하다.

둘째, 글로벌교육에 있어서 단순 지식을 넘어서 보다 고차원적인 목표를 추구해야 한다. 암기 중심의 학습을 통해 지식, 이해, 응용 정도의 목표는 달성될 수 있다고 하더라도, 분석, 종합, 평가 등과 같은 고차원적인 교육 목표에는 아직 달성하지 못하고 있다고 할 수 있다.

학습자들이 단순하게 세계 각국의 자연환경, 문화, 역사 등에 대한 지식은 가지고 있을지 몰라도 복합적이고 다면적인 지구 규모의 문제에 대한 접근에는 아직까지 다가가지 못하고 있다는 것이 현실이다. 따라서 학생들의 다양한 능력을 이끌어내고 보다 고차원적인 사고 능력을 향상시키기 위한 교육 방법의 모색이 필요하다고 생각한다.

셋째, 자국 중심적 관점과 지구적 관점의 통합이 필요하다. 일본은 아직까지 자국 중심적이고 집단적 경향이 강하고 '우리'와 '타인'을 경계 짓는 성향이 있다. 국가의 정책적 흐름과 맞물려 있는 현실적 요청에 의한 글로벌교육은 자국 중심적으로 머물러 있을 것이다. 개개인의 고유성과 지구 시민성에 초점을 맞추어 재구조화 작업을 거치지 않는다면 교육에 있어서 자국 중심적 관점과 지구적 관점의 통합은 어려운 과제가 될 것이다.

글로벌화란 입장과 관점에 따라 다각도의 이해가 가능하며 다양한 의미와 내용을 함축하는 개념이다. 하지만 분명한 것은 이제 더 이상은 국가나 민족의 이익이나 안보를 우선시하는 사고방식은 통하지 않는다는 것이다. 국가만을 행위 주체로 보고 국가와 국가의 교류를 중심으로 생각하는 기존의 국제화와는 차이가 있다고 할 수 있다. 오히려 국가 이외의 행위 주체, 즉 개인이나 시민단체, 또는 지방 공공기관 등이 국경을 넘어서 이동하고 접촉하면서 서로 교류하고 공존하는 것이 그 주요 내용이라 할 수 있다.

핵에너지나 환경 보전과 같이 인류와 지구 전체의 생존과 멸망을 좌우하는 문제는 개별 국가의 의사와 노력만으로 해결할 수 없고 지구적 규모의 관점과 협력으로 해결해야 할 문제들이다. 따라서 교육에 있어서도 더 이상 국가나 국민의 논리가 아닌 세계 모든 사람들이 운명을 같이해야 한다는 운명 공동체 의식을 고양시킬 필요가 있다.

우리는 오늘날 정치적·경제적·문화적·사회적으로 상호 연결된 세계에서 살아가고 있다. 과학 및 정보 통신 기술의 발달로 인해 과거와는 달리 사회들 간의 상호 연결성이 점차 증대되고, 지구의 한 부분에서 일어나는 일들이 멀리 떨어진 사회에까지 큰 영향을 끼칠 수 있게 된 것이다. 이러한 지구화 현상은 단편적 현상이 아니라 정치적·경제적·사회적 모든 삶의 영역에 걸쳐 나타나는 특징으로 우리 삶의 양식을 변화시킬 뿐 아니라 국가 간의 경계를 허물고 있다.

국가 간 경계가 점차 허물어지고 있는 오늘날, 지구화 시대를 살아가는 미래 세대에게 적합한 글로벌교육의 바람직한 방향을 고찰하여 교육 현장에 반영하려는 적극적인 노력이 필요할 것이다.

제5장

내셔널과 글로벌의 접점:
동아시아 시민교육

최근 모든 영역에서 세계적·지역적 수준의 상호 연결성이 심화되고 있음과 동시에 초국가적 수준의 긴장과 갈등이 증폭되고 있다. 영토갈등, 역사분쟁, 군비경쟁 등 지역의 평화를 직접적으로 위협하는 문제들이 끊임없이 제기되고 있는 동아시아의 현실에서, 동아시아 평화공동체의 구상은 이상적인 측면이 강하다.

정치공동체의 주권자로서 '시민'이라는 개념보다는 '국민'이라는 개념이 유독 강한 동아시아 지역에서 '동아시아 시민성'의 모색은 배타적 국가정체성을 극복하고 동아시아 정체성을 축조하여 평화의 공동체로 나아가기 위한 접근이라 할 수 있다.

제5장에서는 동아시아를 시민성 재구성의 지평으로 삼아 동아시아 시민성의 의미를 밝히고, 자국 중심적 틀에서 주로 논의되었던 시민성 교육을 동아시아적 차원으로 확장하여 그 역할과 과제를 제시하고자 한다.

동아시아 시민교육은 동아시아 구성원들이 지역정체성을 가지고 동아시아 공동의 가치, 규범, 비전을 공유하고, 동아시아 사회의 평화로운 공존과 협력을 모색하는 시민적 자질을 기르기 위한 것이라 할 수 있다. 동아시아적 차원의 시민성 교육은 내가 속한 지역, 사회, 국가의 구성원이면서, 동아시아의 문제, 동아시아 평화와 협력에 관심을 기울이는 동아시아 시민, 더 나아가 보편적 가치와 원리를 실천하는 글로벌 시민을 육성하기 위한 다층적 시민교육의 일환으로 볼 수 있을 것이다.

지금도 동아시아에서는 영토갈등, 역사분쟁, 군비경쟁 등 긴장과 갈등이 분출하고 있다. 동아시아의 경쟁, 대립, 갈등 상황은 상호 협력과 공존에 기반을 두고 새로운 지역공동체를 창출해나가는 유럽의 상황과는 대조적이라 할 수 있다. 유럽의 경우 글로벌화에 대한 대응으로 지역화가 촉진되었지만 동아시아의 경우 지역화 논의의 진행과 동시에 지역 갈등이 폭발하는 이중 양상이 나타나게 되었다. 지배와 저항의 기억으로 얼룩지고 상호 불신의 고착화를 경험해온 동아시아의 현실 속에서, 동아시아 평화 체제의 구상은 아직 이상적인 측면이 강하다고 할 수 있다.

그럼에도 불구하고 이 글에서 '동아시아'를 시민성 재구성의 지평으로 삼는 배경은 다음과 같다. 첫째, 글로벌화의 진행으로 인한 국가의 권위와 경계의 약화, 지역주의의 움직임이다. 세계화가 전개되던 90년대부터 정치적·경제적·문화적 단위로서 지역의 중요성이 부각되고 있으며, 세계화의 불균등한 전개 양상에 대응하는 다양한 형태의 지역주의가 출현하고 있다(박상현, 2014: 8).

둘째, 동아시아에서는 지역정체성이 발현되지 않는다는 난제가 있다. 동아시아는 유독 지역공동체에 대한 인식, 유대감이나 지역주의의 발전 정도가 낮은 수준이며, 이웃 국가들에 대한 상호 적대감, 배타성이 강하다고 할 수 있다.

셋째, 그럼에도 불구하고 국익이나 시장 논리를 넘어, 공익을 추구하는 동아시아 시민사회의 연대와 협력의 활성화가 일어나고 있다. 공적 신념에 기초하여 국가 정책과 시장 활동을 비판, 견제하려는 동아시아 시민사회의 성장은, 지역적 차원에서 인간 존엄성과 평화, 민주주의를 담보할 수 있는 대안이 될 수 있다.

중첩적·중층적·복합적인 공간 관념은 동아시아를 생각하는 토대이며, 역내의 대립과 갈등을 완화하는 매개물이 될 수 있다. 복합적 공간 관념에 기초하여 동아시아 정체성을 축조하려는 상상이 필요하다(장인성, 2005: 23). '일국적 수준과 세계적 수준의 매개항'(백영서, 2000: 73)이 될 수 있는 중범위적 수준의 동아시아적 차원의 시민성을 재구성하여, 국민국가의 문제와 동아시아의 문제, 세계적 문제를 해결할 수 있는 동아시아 사회의 시민을 모색하는 것은 의미 있는 시도가 될 것이다.

제5장은 동아시아 갈등과 긴장의 분출이라는 현실 속에서, 동아시아 평화공동체를 구성하기 위해 규범적으로 요청되는 '동아시아 시민성'의 의미를 밝히는 데 목적이 있다. 또한 '동아시아 시민성'이 현실적으로 실천적 함의를 갖기 위해, 자국 중심적 틀에서 주로 논의되었던 시민성 교육을 동아시아적 치원으로 확장하여, 다층적 시민성 교육의 일환으로서 동아시아 시민성 교육의 역할과 과제를 밝히고자 한다.

1. 시민성 개념의 보편성

시민성에 대한 논의는 고전 시대부터 오늘날까지 많은 사상가들에게 논의의 주제가 되어왔으며, 시대에 따라 의미와 내용, 형식에 있어서 다양하게 해석될 수 있다. 시민성은 이해방식에 따라 '지위'나 '권리'로서 규정되기도 했고, 정치적 '참여'가 강조되기도 하며, '정체성'으로 해석될 수 있다. 다양한 접근이 혼재하는 시민성은 인간과 공동체와의 관계를 전제로 출발하며, 형식적인 차원에서 규범성을 내포하는 포괄적 개념까지 의미와 범위가 심화, 확장되어 왔다.

'지위'로서 시민성은 시민의 개념이 보편적으로 모든 사람들에게 적용되기 이전의 계급사회에서 그 특성이 부각된다. 전통적으로 시민의 기원으로 보는 고대 그리스의 시민은 노예와 구분되는 자유인으로서 정치에 참여할 수 있는 지위를 획득한 자로 볼 수 있다. 로마의 경우, 시민권은 로마에서 자유민으로 출생한 자에게 자동으로 부여되는 지위였는데 점차 로마 제국 세력의 확장과 함께 시민권도 확대되었다. 시민권을 갖고 있다는 것은 시민으로서 누릴 수 있는 특별한 권리들을 법적으로 보장받을 수 있는 자격과 지위를 부여받았음을 의미한다37)

시민혁명기와 근대국가 형성기를 거치며 자유와 평등을 기반으로 하는 보편적 권리로서 시민성 개념이 확립되었다. 미국 혁명기 버지니아 선언의 제1항은 "모든 인간은 날 때부터 동등하게 자유롭고 독립적이며 생득적인 여러 권리를 가진다"라고 밝히고 있고, 프랑스 인권선언 역시 "인간은 자유롭고 평등하게 태어나 존재할 권리를 가진다. 따라서 사회적 차별은 공공 이익을 근거로 할 때만 허용된다"로 시작한다. 이 선언들은 이후 전 세계로 확산되어 근대 민주주의 국가의 형성 과정에서 자유와 평등을 헌법적 이념과 가치로 만드는 데 지대한 영향을 끼쳤다(김윤철, 2013: 163-164).

근대국가의 '보편적 권리이자 자격권'으로 의미를 지닌 시민권은 현실에서는 부르주아 남성 개인의 권리 보장으로 귀결되는 협소한 개념이었다. 이후 역사적 발전에 따라 노동계

---

37) 아리스토텔레스는 아주 엄밀하게 결격사유가 없는, 유보사항이 없는 의미에서 시민의 자격을 정의해야 한다고 보았다. 미성년, 소년 또는 투표권을 박탈당했거나 유배를 당하는 등의 결격사유가 없는 자를 시민이라 보았다(아리스토텔레스, 손명현 역, 2007).

급, 여성, 흑인 등 다양한 집단에 의해 도전을 받은 시민권은 소수집단을 포용하는 개념으로 확장되었다. 개인적·독립적 권리에 국한되었던 시민권은 집단적인 상호 의존적 권리를 포괄하는 개념으로, 시민적·정치적 권리뿐만 아니라 경제적·사회적·문화적 권리를 포괄하는 보편적 개념으로 변화하였다(장미경, 2001: 59-77).

현대적 의미에서 권리로서 시민성 개념의 기초를 마련한 것으로 평가받는 T.H. Marshall은 시민권은 사회의 완전한 구성원으로서의 지위(full membership of a society)로 보고, 시민적 시민권, 정치적 시민권, 사회적 시민권의 세 요소가 순차적 발전을 해왔다고 설명한다(Marshall, 1992).

Marshall은 시민권을 동질적 집단의 것으로 간주하고 현대 사회의 다양한 집단의 요구를 수용하지 못한다는 점에서 비판을 받지만, 경제적 복리와 안전에 대한 요구에서부터 문화적 삶을 유지할 수 있는 권리까지 포함하는 '사회적 시민권(social citizenship)'의 개념을 제시함으로써 시민권을 평등의 확대, 복지의 실현과 관련지어 설명했다는 점에서 의미가 있다.

'정치적 참여'로서 시민성 역시 고대 그리스의 시민에서 기원을 찾을 수 있다. 결속력 있는 공동체인 폴리스에서 시민은 정치에 참여할 수 있는 특권을 누릴 수 있었다. 그리스 시대의 시민권의 핵심은 공적인 사안에 능동적으로 '참여'하는 것으로, 정치공동체에 적극적이고 참여적인 시민이 중요한 의미를 지닌다.

아리스토텔레스가 폴리스는 도덕적으로 상호 의존 관계에 있는 사람들 간의 결합으로서 공동체의 선과 인간의 행복이 실현되는 곳이며, 따라서 사람들의 본성과 자아실현은 폴리스 내에서 사회, 정치적 활동의 결합 속에서 실현될 수 있다고 설명한다. 그는 시민은 '관직과 법정의 운영에 참여하는 사람'이라는 기준에 의해 정의될 수 있다고 보았다. 심의와 사법적인 관직에 참여할 수 있는 권리를 가지고 있는 자는 국가 시민의 지위를 얻으며, 시민의 명칭은 관직과 국가의 명예에 참여할 수 있는 자들에게만 적용될 수 있다(아리스토텔레스, 손명현 역, 2007).

정치 참여는 현대적 의미에서도 시민성의 주요한 요소로 간주된다. Dalton은 시민성 정의와 얽혀 있는 네 가지 규범을 첫째, 정치 참여, 둘째, 자율성의 측면, 셋째, 사회질서에 대한 헌신과 국가의 합법성과 법의 지배를 수용하는 것, 네 번째 잠재적 요소로서 공동체에서 타인과의 연대[38]로 범주화하였다. 그는 시민성을 제한된 참여를 바탕으로 시민의 의무와 책임을 중요시하는 의무적 시민성(Duty-based Citizenship)과 정부 정책에 영향력을 행사하는 적극적인 참여적 시민성(Engaged Citizenship)으로 구분하였다(Dalton, 2008).

---

38) Marshall이 설명한 사회적 시민권과 같은 맥락으로, 분배 정의의 관점은 시민성의 기초로서 평등을 위한 이론적 기반을 제공한다고 보았다(Dalton, 2008).

근대 이후 시민성은 개인과 국민국가의 관계를 전제로 설명해온 것이 일반적이다. 법과 제도가 국가 내에서 작동한다는 점에서, 국민국가는 시민성을 규정하는 주체가 되어왔고, 정체성의 측면에서도 좋은 시민적 자질은 민주주의, 공화주의를 기반으로 한 근대 민족국가를 지탱할 수 있는 국민적 정체성과 동일시되었다. 국가 통합을 위한 일원적 정체성은 체제의 안정과 통합에 기여해왔지만, 소수자에 대한 배제와 차별이 나타나는 동화주의로 작용해왔다는 측면이 있다.

글로벌 다문화 현상과 함께 '정체성'으로서 문화적 시민성, 초국가적 시민성의 등장과 필요성에 대한 논의가 제기되었다. 시민성의 모델화를 시도한 Gerard Delanty는 시민성은 내부적으로 권리, 의무, 참여 그리고 정체성에 의해 규정된다고 보았다.

시민성 개념의 네 가지 모델을 첫째, 국가에 대한 시민의 권리를 강조하는 자유주의 모델, 둘째, 의무와 책임을 강조하는 보수주의 모델, 셋째, 시민권이 가지는 적극성과 사회비판의 측면을 강조하는 참여 모델, 넷째, 문화적 정체성과 관련한 모델로 구분하였다. 그는 전통적 시민권은 영토적 제한을 규정하는 국적에 종속되어 왔으며, 국적의 영역을 넘어서는 시민권을 이론화하기 위해서 지역적·국가적·초국가적 차원에서 시민권의 형식을 다층적으로 운영해야 한다고 주장한다 (Delanty, 1997).

Christian Joppke는 최근의 시민성 개념의 변화를 지위의 측면, 권리의 측면, 정체성의 측면에서 설명한다. 지위의 차원에서 시민권에 대한 접근이 자유화되었고, 시민의 개방으로 종족적·인종적·종교적 경계가 제거되고 내부적 다양화가 이루어졌다. 권리적 차원에서 복지국가 시대에 가장 중요한 시민권이었던 사회적 권리는 약화되었지만, 다민족 사회의 등장과 함께 소수자의 권리는 부상했다고 보았다. 또한 정체성의 차원에서는 보편주의가 확대되면서 국가 통합의 시도가 제한된다고 설명한다(Joppke, 2007).

글로벌 사회의 도래와 함께, 기존의 정체성 형성 요소들이 이완, 해체되고 새로운 정체성 요소들이 다층적으로 형성된다. 기존의 시민성은 국민국가라는 울타리 안에서 단일한 지위와 동일한 권리 및 의무를 제도적·법적으로 부여받는 것을 특징으로 한다면, 현대사회에서는 다양한 가치가 공존하는 사회에서 서로를 인정하고 존중하며, 지역, 국가, 세계 차원의 각종 분쟁을 대화와 타협과 같은 민주적 절차를 통해 해결하려는 보편적인 차원의 시민성이 요구된다고 할 수 있다(박성인, 2016).

김용신은 국가적 차원의 시민성과 글로벌 시민성의 갈등 가능성에 대하여 글로벌 시민성이란 총체적으로 융합된 정체성의 시민 정향으로 귀결될 수 있으므로 국민국가 내부의 정체성과 시민성이 글로벌 정체성과 시민성과 소통하는 것은 자연스러운 결합 현상이며, 따라서 국가 시민성과 글로벌 시민성은 필연적으로 긴장관계를 설정하지 않는다는 논리를 제시한다. 이것은 개인의 한정된 공간성에서 정체성과 시민성, 확장된 공간 속에서의 정체성과 시민성의 연계와 소통의 논리로 해석될 수 있다(김용신, 2013: 78).

인간과 공동체의 상호작용 속에서 발전해온 시민성은 현대 사회에서 보다 다양한 차원에서 논의되고 있으며, 이해방식에 따라 강조점은 조금씩 다르지만, '인간 존엄성'을 기반으로 '인민에 의한 통치'를 실현하기 위해 국가와 지역을 초월하여 발전해온 보편적 개념이라고 볼 수 있다.

서구의 근대적 시민은 개인의 자유와 평등을 보장하는 방향으로 구체화되었고, 자본주의 질서에서 사회적 불평등의 문제가 제기되자 분배정의에 입각한 사회적 시민권이 등장하였다. 글로벌 다문화 사회에서는 다양한 민족, 인종, 언어, 문화의 정체성을 존중하는 글로벌 다문화 시민성이 부각되고 있다. 보편성의 원리를 핵심 요소로 하는 시민성은 첫째, 인간 존엄성, 둘째, 인민주권의 민주성, 셋째, 공동체적 가치에 대한 존중, 넷째, 사회정의와 관련된 규범성을 내포한다고 볼 수 있다.

2. 한국적 맥락에서 시민성과 시민성 교육

한국적 맥락에서 시민성의 의미를 보다 명료하게 하기 위해, 먼저 한국에서 시민사회와 시민성에 관한 논의를 대략적으로 살펴보고자 한다. 일본 제국주의 식민 지배 체제에 대항하기 위해, 권위주의 정부에서는 국가의 억압에 반대하였다. 시민적 자유와 민주화를 성취하기 위해, 신자유주의 질서가 자리 잡은 이후에는 각종 차별과 배제, 인간소외에 대항하기 위해, 한국의 시민사회는 국가에 대항하는 저항적 성격이 강해왔다. 이것은 단기간의 성장 과정으로 인한 불안정성을 특징으로 한다고 볼 수 있다.

최장집은 한국사회에서 시민은 민중의 연속선상에 있으며, 현실에서 민중은 아직 시민권을 얻지 못했다고 보았다. 보편적인 시민권을 향유하는 시민의 개념은 서구의 경우 민주주의 혁명에 의해 창출되었다. 한국의 「헌법」 제1조는 프랑스 인권선언의 '시민'이나 미국 「헌법」의 '우리 인민'과 같은 공동체의 주체가 아니라, '국민'이라는 표현에서도 알 수 있듯이 한국이라는 정치공동체의 주체 또는 주권자는 국가의 구성원이라는 의미가 강하다.

'민중'이라는 표현은 구체적인 주체와 담론이 있고, 역사 변혁의 주체로서 집단적 자각과 실제적 역사를 가지는 반면, 시민의 지위와 역할은 여전히 모호하고 추상적이며 형식적인 의미 이상을 갖지 못한다고 할 수 있다(최장집, 2011).

한국에서 시민사회와 시민성에 관한 이론적 논의들은 대체로 서구 시민사회와의 비교에서 이루어진다. 한국 시민사회[39]는 자본주의 체제와 근대국가 체제를 토대로 자생적인 질서 속에서 만들어진 것이 아니라 제국주의 침략과 권위적 군사독재하에 정치적 투쟁을 통해 만들어졌기 때문에 서구 시민사회와는 다른 특징과 과제를 지닌다고 할 수 있다. 강대현은 한국 시민사회는 성치적이고 공적인 성격이 강하다는 긍정적인 성격이 있지만, 비합리성, 불안정성 등의 취약성이 있다고 지적한다(강대현, 2001).

김성국은 시민사회의 성숙을 역사적 관점에서 '국가로부터의 시민사회의 분리'와 '분리된 시민사회의 독자성 추구'라는 단계적 발전과정으로 이해하고, 현재 한국사회는 '비동시적인 것들의 동시적인 성취'를 이룩하는 단계에 있다고 보았다. 그는 한국 시민사회의 불안정성은 시민사회의 성숙을 가로막는 한국 특유의 역사 문화적 조건과 구조적 제한성 때문에 발생하는 것으로 보았다(김성국, 1992).

임희섭은 시민성을 시민사회를 구성하는 요소들의 제도화 수준과 문화적·심리적 내면화의 정도로 정의하고, 시민성을

---

39) 시민사회의 기원과 관련하여 다섯 가지의 견해가 존재한다. 첫째, 시민사회의 형성을 가장 멀리 구한말까지 소급해보는 견해로 전통적 신분구조의 해체와 직업을 매개로 한 계급구조의 중요성이 크게 부각된다. 둘째, 봉건적 사회구조, 의식구조, 생활양식이 바뀌기 시작한 20세기 초반으로 보는 견해는 신분제도의 철폐, 자본주의의 성립과 발달이 진행된 점에 초점을 둔다. 셋째, 해방 이후 시민사회의 기반이 형성되기 시작했다고 보는 견해, 넷째, 1960년대를 기점으로 본격적 자본주의 발전이 이루어지면서 시민사회가 형성되었다고 보는 견해이다. 마지막으로 1987년 이후를 시민사회의 형성 시기로 보는 입장이 있다(윤상철, 1997: 70).

자율성과 공공성의 두 요소로 나누어 한국사회의 시민성을 진단하였다. 자율성의 측면에서 해방 후 한국사회에서 시민사회가 국가로부터 분리되고 민주화운동과 개혁적 시민운동을 전개하며 독립성을 증대시켜 왔다. 공공성의 측면에서는 현대 한국의 시민문화가 급속한 사회변동을 겪으며 신민성, 대중성, 계급성, 시민성 등과 같은 비동시적인 특성이 동시적으로 혼재하는 복합적 성격을 지니고 있다고 할 수 있다(임희섭, 2001).

한국적 맥락의 시민성의 취약성은 인간 존엄성, 인민주권의 원칙을 기반으로 하는 보편적 시민성의 결락에서 찾을 수 있을 것이다. 도덕주의와 국가주의가 결합40)된 권위주의 체제하에서 시민은 곧 국민이라는 등식이 성립하여 왔다.

보통선거권의 수립으로 형식적인 정치적 시민권은 부여받았으나, 시민의 실질적 삶은 민주주의 사회의 통치 주체이기보다는 권력에 순응하는 존재에 근접했으며, 참여적 가치가 퇴색되었다. 국가 내에서 비국민과 비시민이 존재해왔으며, 사회적 약자들에 대한 차별과 배제가 나타났다.

김동춘은 권위주의 시기이건 신자유주의 시기이건 정치사회적으로 혹은 경제적으로 준시민/비시민을 범주화하고 배제하는 과정은 대단히 폭력적이었다고 설명한다. 준시민 혹은

---

40) 최장집은 한국사회에서 민주주의를 이해하고 실천하는 중심적인 가치이자 기준으로 첫째, 도덕주의, 둘째, 민족주의-국가주의, 셋째, 신자유주의를 들며, 이는 반정치적 가치와 태도를 강화하며, 민주주의의 핵심인 참여의 투입을 축소하고 이에 비례해 효율적인 정책 산출 중심의 체제를 만들어낸다고 보았다(최장집, 2011: 206).

비시민은 대부분의 경우 정치공동체 내에서 어떤 주장이나 요구도 꺼내지 못하며, 지속되는 폭력은 사회적 주체로서 행동할 기회와 의지를 박탈한다(김동춘, 2015: 25-27). 김동춘의 표현으로 '절대 시민성'의 형성은 곧 보편적 시민성의 회복으로 이해할 수 있을 것이다.

시민성을 내면화하는 것은 사회 구성원이 민주주의의 원리와 규범을 내면화하는 것을 의미하며, 시민교육을 통한 시민의 성숙은 민주주의 이상 실현의 가능성을 제공해준다. 공교육의 기본 목적은 그 사회가 요구하는 시민적 자질을 함양한 시민의 육성에 있으며, 시민성 교육은 사회과를 중심으로 전 교과에 걸쳐 강조된다. 우리나라 시민성 교육의 몇 가지 문제를 지적하면 다음과 같다.

첫째, 국가 이데올로기가 강하고, 인간적 권리에 대한 인식이 취약하다고 할 수 있다. 장원순은 한국 사회과 시민성교육은 매우 허약한 토대 위에서 출발하였다고 보고 그 이유는 시민성의 토대를 이루는 인간 존엄성, 개인성, 개체는 양도 불가능한 권리의 담지자라는 의식, 인권 의식이 확고히 형성되지 않았기 때문이라 보았다. 사회과 교육이 도입된 미군정기, 제1차 교육과정기에 시민성의 토대로서 인간의 기본권리가 제시되었지만, 2차 교육과정 이후 크게 약화되었다. 민주화 이후 재등장하였으나, 경제 논리, 국가 담론에 전유되고 있는 실정으로, 시민성이 끝없이 민족 이데올로기, 반공국가 이데올로기, 국가 발전 및 경제 이데올로기와 접합되어 제한되거나 왜곡되어 갔다고 주장한다(장원순, 2009).

둘째, 자발성을 기반으로 하는 참여적 가치에 대한 인식이 부족하다. 바버는 민주주의의 위기는 민주주의 과잉이 아니라 민주주의 과소에서 비롯된다고 보고, 참여 제도를 통한 참여의 일상화에 의해 시민성 회복과 민주주의의 발전이 가능하다고 보았다(Barber, 1984). 민주주의에 대한 관심은 지나치게 형식적인 측면에 치우쳐 왔으며, 민주주의와 관련한 지식 습득 위주의 학습은 민주 시민적 자질의 내면화로, 시민의 실질적 사회 참여로 연결되기 어렵다고 할 수 있다. 참여와 체험을 통한 학습 기회 제공, 시민 참여에 대한 감수성을 키워나갈 기회가 부족하다고 할 수 있다.

셋째, 공동체적 가치 존중, 공공성과 민주적 책임성의 측면이다. 교육에 있어서 경제 논리의 적용, 지나친 경쟁, 효율성의 강조는 공동체의 해체, 정치에의 무관심, 이기주의의 팽배와 같은 현상으로 이어진다. 학교에서의 극한 경쟁 구도는 더불어 사는 공동체성을 배양하는 교육의 의미를 퇴색시키고 극도로 이기적 개인주의, 사회적으로 보수주의, 자기 안정주의로 귀착되면서 전체적으로는 자본제적 불평등이 낳은 사회적 불의를 외면하게 만든다. 정의가 실종된 사회 속에서 개인은 탈공동체화, 탈정치화되어 버린다(강순원, 2000).

허수미는 한국 시민사회가 갖고 있는 비합리성, 이데올로기에 대한 과민성, 경제 논리에 의한 왜곡 가능성 등의 문제는 시민성 교육을 통해 극복되어야 할 과제라고 말한다. 이를 해결하기 위해, 첫째, '공공 영역'에 적극적으로 참여하는 시민성, 둘째, 노동의 개념을 보편화된 사회권으로 발전시키고, 민주주의 개념을 정치적 영역에서 사회경제적인 영역으로 확대시켜 줄 수 있는 사회적 시민권 교육을 강화해야 한다고 주장한다(허수미, 2010).

강대현은 한국사회에서는 시민교육과 관련하여 바람직한 시민에 대한 두 가지 관점을 첫째, 훌륭한 국민, 둘째, 합리적인 개인으로 보고, 이러한 관점은 교육에 국가 논리나 시장 논리를 그대로 반영한 것이며 시민사회의 민주적 잠재력을 제고하는 데 도움이 되지 못한다고 주장한다. 현대사회의 시민교육은 공적 담론과 실천의 영역으로서 시민사회 논리가 주가 되어야 하며, 바람직한 시민은 자율과 연대의 능력을 토대로 사회활동에 참여하는 시민이라 보았다(강대현, 2006).

대한민국은 형식적 민주주의의 제도화된 틀은 갖추었으나 실질적인 민주주의를 위한 규범적 내면화는 취약한 수준이라는 평가를 받는다. 민주주의 절차와 규범을 내면화, 생활화할 수 있는 시민의 성장은 우리 사회의 민주주의의 질적 성장, 민주주의의 공고화와 직결된다고 할 수 있다.

3. 동아시아 논의의 분출

실재를 규정하는 재현으로서 담론의 지위를 구축하기에 이른 동아시아(박상수, 2010: 139)라는 역동적·지역적 시공간 대는 다양한 맥락에서 탄생하였다. 서구 중심 체제에 대한 대응 기제로서, 동아시아의 정치적·경제적 성공의 현실을 설명하기 위한 발전모델로서, 탈냉전 시대의 세계 체제에 대응하는 지역주의 권역으로서, 대안적 사회 원리를 모색하는 방법으로서 설명된다. 동아시아는 논의 주체의 문제의식과 지향성, 영역에 따라 그 의미와 범주가 다양하게 변용되고 재창조된다.

동아시아라는 권역을 설정하고 이 지역의 특수성을 매개로 새로운 세계 질서와 문화를 설명, 모색하려는 90년대 이후의 일군의 새로운 지적 흐름인 동아시아 담론(정종현, 2002: 39)은 많은 학자들에 의해 유형화되었다. 이 글에서는 동아시아 담론을 첫째, 문화적 접근으로서 동아시아, 둘째, 지역주의 권역으로서 동아시아, 셋째, 대안적 질서, 성찰의 틀로서 동아시아로 분류하여 간략하게 살펴보고자 한다.

첫째, 문화적 접근으로서 동아시아를 보는 관점은 서구 중심적인 근대 문명의 표상체계로부터 벗어나 주체성을 회복하고 동아시아의 정체성을 찾고자 하는 목소리에서 출발했다. 동아시아 문화의 동질성과 특수성을 추구하는 유교자본주의론, 발전모델론 등으로 나타났다. 동아시아 지역은 유교문화권이라는 공통성을 가지며, 문화적 동질성과 특수성을 전제로 동아시아의 문화적 실체와 본질을 규명하는 데 집중한다. 유교자본주의론은 1970-1980년대 비약적인 성장을 한 동아시아 국가들은 지리적 근접성 이외에 유교적 가치를 공유하며, 유교 문화는 이 지역 경제발전의 원동력이 되었다고 해석한다. 동아시아 국가들의 고도성장은 유교라는 공통의 문화적 도양을 기반으로 하며, 권위에 대한 존중, 교육 중시, 근면과 절제 등 근로 윤리, 검약의 정신, 가족 중심주의 등 유교적 가치는 동아시아의 경제발전에 기여했다고 설명한다 (김일곤, 1985; 함재봉, 1998).

'아시아적 가치론'은 후기 산업사회 서구 근대성의 폐해를 보완하기 위해 동양의 인문정신을 강조하며 등장하였다(국민호, 2007). 싱가포르의 리콴유(1999)는 가족 중시, 조상 숭배, 사회적 조화와 국가-사회 간의 가부장적 관계와 같은 유교적 사회질서, 서구와 구별되는 동아시아의 문화적 풍토가 지역 경제발전을 이끌어냈다고 설명하였다. 말레이시아의 마하티르는 아시아적 가치의 요체는 공동체 중심주의라 정의하고, 동아시아 모델의 본질을 공동체적 자본주의로 파악하였다(이경찬, 2014). 하지만 동아시아 금융 위기 이후 유교자본주의론, 아시아적 가치론은 위축되는 양상을 보였고, 동아시아의 권위주의, 정경유착, 낙하산 인사, 연고주의와 같은 부작용은 동아시아 경제 위기의 주범으로 지목되며 비판을 면치 못하였다(김석근, 2006).

동아시아의 문화적 동질성과 특수성을 강조하는 문화적 접근은 자문화 중심주의, 문화제국주의, 문화결정론(김영명, 2007), 역오리엔탈리즘(박승우, 2008: 38)에 매몰될 수 있다는 비판을 받는다. 서양과 동양을 이항대립으로 나누어 동아시아 문화의 독자성, 주체성, 우수성을 도출하는 까닭에 결국 서양 중심주의를 벗어나지 못하고 동아시아 문화를 정형화하고, 오리엔탈리즘을 재생산한다고 볼 수 있다.

둘째, 지역주의 권역으로서 동아시아는 탈냉전 이후 세계화에 대응하기 위한 움직임으로 동아시아에 새로운 지역 질서, 이를테면 정치, 경제, 사회문화적 공동체를 추진하려는 시도라 할 수 있다. 동아시아 지역은 아직까지 사회적·경제적 상호작용은 상당한 수준에 이르렀지만 제도적 협력은 미약한 수준으로 지역주의 없는 지역화가 먼저 진행되었다고 평가된다. 동아시아 공동체 논의는 크게 정치·안보적 관점, 경제적 관점, 사회문화적 관점으로 구분하여 검토할 수 있다.

세계 질서의 변화 속에서 동아시아의 다자적 안보 협력, 안보 공동체의 필요성 역시 끊임없이 제기되고 있다. 북핵문제, 영토 갈등, 군비 증강, 초국가적 범죄 및 테러 등 동아시아 지역에서 제기되는 안보 위협에 공동 대처를 하고, 미국이나 중국, 일본의 패권 지향을 견제하여 안전을 확보하기 위한 다자적 안보 협력체 구상이 대두되었다. 안보 공동체의 필요성을 제시하는 연구(김유은, 2004; 조명현, 1994), 안보 공동체 형성 조건과 발전 가능성을 분석한 연구(최영종, 2005; 조윤영, 2005), 제도화를 비롯한 추진 전략을 제시하는 연구(조성환, 2014; 박건영, 2006) 등이 있다.

한용섭은 동아시아 평화체제를 모색함에 있어서, 단계적 접근으로 안보 대화가 시작되는 1단계, 대화가 정례화, 상설화되는 2단계, 안보 대화가 안보협력회의체로 발전하며 조약에 의해 신뢰 구축과 군축을 행하는 3단계를 거쳐야 한다고 보았다. 최종 단계로는 유럽의 나토와 같은 집단방위기구를 상정하였다(한용섭, 2006).

세계 경제의 지구화, 지역화 추세의 심화와 함께 일국 단위의 경쟁은 성장과 발전에 한계가 있다는 위기감으로부터 동아시아 경제협력, 경제통합의 필요성이 제기되었다. 1997년 금융위기 이후 경제협력, 경제 공동체에 대한 인식이 높아지며 경제협력의 제도화에 더욱 관심을 갖게 되었다. 동아시아 경제 공동체와 관련된 논의로는 동아시아의 자유무역지대의 창설을 주장하는 연구(이창재, 2005), 동아시아 역내 투자협력 추진 방안을 제시하는 연구(원용걸, 2005), 동아시아 통화금융협력을 제시하는 연구(문우식, 2005; 조종화, 2001) 등이 있다.

정치 안보적·경제적 관점의 동아시아 공동체 구상은 대부분 국가의 이익과 발전이라는 전략적 측면에서 접근하고 있다는 점, 공동체 의식이나 정체성을 기능적 통합에 따른 부산물로 여긴다는 점에서 비판을 받는다. 이를 보완하여 사회문화적 차원에서 공유된 의식, 지역이라는 집단의 정체성이 전제되지 않으면 동아시아 지역 국가 간 상호 불신을 극복할 수 없다는 입장이다. 이에 동아시아 사회문화공동체의 개념 및 동아시아 문화공동체의 필요성과 가능성을 검토한 연구(김광억, 2005; 최송화, 2004)가 있고, 추진 전략을 제시한 연구(민병원, 2008) 등이 있다.

지역주의 권역으로서 동아시아는 대체로 국가 주도의 탑다운 프로세스에 의한 공식적·전략적 제도화 과정이라 이해할 수 있다. 위로부터 주어지는 동아시아 공간에서는 자아와 타자를 구분하는 준거 역시 정치경제적 요소에 의해 설정될 수밖에 없다. 자기성에 대한 충분한 성찰을 통해 삶의 터전으로서 동아시아를 만들어가기 위해서는 위로부터의 지역주의 노력과 동시에 아래로부터의 지역 인식과 정체성 형성이 뒷받침되어야 할 것이다.

셋째, 패권적 동아시아 지역 질서를 극복하고 자본주의 세계체제를 넘어서는 대안 질서로서 동아시아 공동체를 모색하는 입장이 있다. 이들은 근대 비판과 성찰의 공간으로서 동아시아를 제시한다. 최원식은 일국주의 모델을 넘어서 새로운 세계 형성의 원리로서 동아시아적 시각의 가능성을 모색하였다(최원식, 1993: 224). 백영서는 전 지구적 자본의 획일

화 논리에 저항하는 커다란 과제를 실현할 거점으로서 동아
시아에 주목하였다(백영서, 2000). 서구식 근대를 비판하고
극복하고자 하는 문제의식에서 출발한 이 같은 입장은 동아
시아라는 방법론적 시각을 제시한다.

대안적 질서로서 동아시아 담론은 아래로부터의 시민연대
를 통한 미래지향적이며 실천적인 동아시아 공동체를 추구한
다. 민중적 삶에 주목하고 동아시아 시민 연대를 통해 국민
국가의 억압성을 극복할 수 있다고 보았다. 백영서는 '지적
실험으로서 동아시아'를 제시하며 동아시아를 어떠한 고정된
실체로 간주하지 않고 자기 성찰 속에서 유동하는 것으로 파
악하는 사고와 그에 입각한 실천의 과정이라 표현하면서 동
아시아 역내 지식인들의 교류와 연대를 강조하였다. 그는 동
아시아인들의 일상생활에서 변화 가능성과 동아시아인의 삶
의 문제에 대한 감수성 계발에 주목하였다(백영서, 2000).

동아시아라는 새로운 지역적·역동적 시공간 범주를 제시
하고 국민국가 중심의 시공간관을 탈피하여 성찰의 틀로서,
방법으로서, 사회적 과제로서 동아시아를 모색하는 실천적·
미래지향적 동아시아 담론은 의미가 있다. 다만 동아시아에
서 시민적 정체성을 지닌 주체가 존재해야만 이러한 구상은
일상생활에서, 그리고 제도적 수준에서 현실화될 수 있다는
점에서 어떻게 동아시아 시민성을 구성할 수 있는가에 대한
문제를 고민해보는 작업이 필요할 것이다.

4. 동아시아 시민성

동아시아 시민성을 법과 제도에 의해 보장되는 지위나 권리의 측면에서 규정하는 것은 현실적으로 불가능하며, '정체성'의 측면이나, '사회 참여'의 측면에서 동아시아 시민성을 논의하는 것이 보다 타당할 것이다.

정체성으로서 시민성은 정치공동체에 관한 개인의 소속감, 정신적 표상과 관계된다. 이러한 시민성은 지역공동체를 비롯한 초국가적 단위에서 구성될 수 있으며, 국가 영역에서 작동하는 법적·제도적 시민성을 상대화시키며, 특수성에서 보편성으로, 일원성에서 다원성으로 속성이 변화하고 있다고 볼 수 있다.

정체성으로서 시민성은 글로벌화의 심화와 함께 주목받고 있다. 민족국가의 경계가 허물어지고, 정치공동체의 다원화를 가속화하며, 개별 주체 역시 다양한 공동체에 귀속되고 여러 층위의 문화적 배경을 기반으로 다층적 정체성을 가지고 살아간다. 과거에는 정체성을 특정 영토에 결부된 고정불변의 고유성으로 이해했지만, 점차 정체성은 본질로서 규정하는 것이 아니라 유동적이고 맥락적이며 관계 속에서 재구성되는 것으로 인식된다.

동아시아 지역은 집합적 정체성을 형성하기에 상당히 어려운 조건을 가지고 있다. 근대 이후 서구에 의해 스스로를 타자화·상대화한 동아시아는 우리는 누구이며, 어떤 공동체가

되기를 희망하는가에 대해 고민할 여지가 없었다. 동아시아는 자발적인 지역 질서를 형성하고 지역정체성을 구성하기보다는 서구에 의해 규정되었다.

동아시아 각국에서 배타적으로 작용하는 민족주의 역시 지역공동체의 구상과 지역정체성의 형성을 방해한다고 할 수 있다. 민족은 특정 경계 내의 집단에 동일한 정체성을 부여하여 국가를 구성하는 데 동원된 상상의 정치공동체(Anderson, 1983)로, 자연 발생하는 것이 아니라 고안된 개념(Gellner, 1983)이라 할 수 있다. 카에 따르면 민족주의는 국가권력의 확대를 요구함으로써 안으로는 개인을 억압하고, 밖으로는 국가 간 대립을 격화시키며, 세계적 규모의 싸움을 유도하는 요인으로 작용할 수 있다(Carr, 1945). 동아시아에서 민족주의는 국민국가의 통합, 근대 산업국가의 성취라는 긴급한 목적의 달성을 위해 유독 강하게 작용하여 온 것이 사실이다.

최장집은 동아시아 공동체 형성을 가로막는 직접적인 요소로서 냉전 시기의 구조가 온존되고 있다는 사실을 지적한다. 동아시아 지역의 냉전을 주도해왔던 패권 국가로서 미국과 그 의존적 파트너로서 일본 간의 동맹체제는, 전후 일본이 과거사를 청산하지 않는 것을 가능하게 했다. 그로 인한 국가 간 상호 불신, 민족주의의 지속, 과거 적대관계의 기억들이 동원될 수 있었다고 설명한다(최장집, 2004: 107).

동아시아가 평화와 공생의 지역공동체로 나아가기 위해서는 서구 중심적 관점, 자국 중심적 관점, 냉전 질서하에서 수동적인 동아시아에서 탈피하여, 동아시아 지역의 집합적 정체성 형성을 위한 주체적인 노력이 필요하다. 동아시아 정체성은 이미 존재하는 것, 전제된 것이기보다는, 동아시아 지역 구성원이 상호 이해와 소통을 통해 형성해나가는 미래지향적인 공통된 인식, 가치, 규범이라 할 수 있다.

동아시아는 우리가 일상적으로 하나의 문명 단위로 간주하는 지역 범위이기도 하지만 한민족 공동체가 자기 속의 타자와 타자 속의 자기를 돌아보는 성찰적 주체로서 성장하는 데 적절한 범위이기도 하다(백영서, 1999: 28). 동아시아 정체성은 외부로부터 부여한 명칭이 아니라, 지역의 평화공동체를 구성하기 위해 스스로가 갖는 내적 요구와 필요의 산물이라는 점에서 의미가 있다고 할 수 있다(최장집, 2004: 98-99). 정체성으로서 동아시아 시민성은 우리 삶을 직간접적으로 규정하는 배타적 국가정체성을 극복하고 동아시아 구성원이 수평적인 연대를 통해 성찰적 주체로서 동아시아 문제에 직면할 수 있는 시각을 제공할 수 있을 것이다.

지역정체성은 지역공동체를 위해 선행되어야 할 조건이자 지역공동체를 추동하는 힘이라 할 수 있다. 동아시아의 역사 화해, 평화공존, 공동체 건설을 위한 인식과 운동의 핵심은 국가정체성, 민족정체성을 유지함과 동시에 지역정체성을 추가하여 정체성 및 연대의 단위를 국민에서 동아시아인으로, 국가에서 지역으로 확장하고 추가하는 데 있다고 할 수 있다 (박명림, 2005: 116). 국가정체성과 함께 보편적인 차원의 글로벌 시민성, 동아시아 지역 차원에서 서로 공유할 수 있는 인식, 가치, 문화, 비전을 추가하여 지역 연대와 협력, 나아가 평화공동체를 모색할 수 있을 것이다.

두 번째로 사회 참여로서 동아시아 시민성의 의미에 주목하고자 한다. 전통적인 대의제 민주주의에서 사회 단위의 대규모화, 정치적 쟁점의 복잡화, 행정의 비대화를 겪으며 시민 참여는 다소 소극적이었다고 할 수 있다. 전 지구적 차원의 참여 민주주의(participatory democracy)가 확산되고 있는 오늘날, 시민사회운동과 세계 여론의 영향력이 증폭되면서 시민사회가 국가와 함께 글로벌 거버넌스의 한 축을 담당하게 되었다. 정보화 기술은 국가 중심의 위계적 질서를 무너뜨리고 네트워크상에 분산된 개인과 집단에 힘을 실어주는 결과를 초래하며, 국가로부터 비국가 행위자들로의 '권력의 이동'이 일어나게 되었다(김의영, 2005).

사회 참여로서 동아시아 시민성은 자율성, 공공성, 책임성을 가지고 동아시아 시민사회의 초국가적 연대를 통해 동아시아 사회의 문제 해결에 기여하는 태도라 할 수 있겠다. 시민사회 차원의 인식과 규범의 형성, 문제의식의 공유, 연대와 협력은 동아시아 사회에서 아래로부터 내부적 변화의 추동력이 될 수 있다. 시민사회는 국가 주권의 제약을 받지 않는 초국가적 연대가 가능하다. 자국의 시민운동만으로는 국가권력을 견제, 변화시키기 어렵지만, 시민사회의 연대와 협력을 통해 정치적 영향력을 확대해나갈 수 있다.

시민사회 네트워크 활동은 국가와 사회 행위자들의 정체성과 이해관계 및 선호에 대한 인식을 바꿀 수 있고, 그들의 담론을 전환시킬 수 있으며, 국제정치에서 정책과 절차, 행위의 변화까지도 초래할 수 있다(Keck and Sikkink, 1997; Florini, 2000).

동아시아 지역에서 시민사회는 그 성장의 규모와 속도는 물론 성격에서 비대칭을 이루고 있지만, 최근에는 동아시아 시민사회의 연대와 협력이 활발히 나타나고 있다. 기후변화, 에너지, 비핵화, 쓰나미, 지진, 전염병 등 국경을 넘어서는 지구적 의제가 동아시아 사회에서 주요 현안으로 등장하였다. 위안부 문제, 역사 왜곡 문제 등 중심으로 시민단체, 지식인들 사이에서 광범위한 공감대가 형성되었다. 노조 및 농민운동, 핵발전소가 위치한 지역 간의 연대, 미군기지 피해지역 간 연대, 북핵문제를 둘러싼 6자회담을 시민사회 차원에서 성명 등 국익을 최우선으로 하는 국가들이 쉽게 접근하기 어려운 사안들에 대해 시민사회 차원의 문제 제기가 되고 있다(이기호, 2010).

이기호는 '동아시아 시민사회 지역구상'을 지역에 대한 이해와 공공성과 책임성을 바탕으로 이루어지는 지속적이고 창의적인 시민연대 및 협력이라고 설명하였다. 그는 초국가적 이슈와 시민사회의 성장, 국경을 가로지르는 동아시아 시민사회 네트워크가 제시하는 비전과 윤리가 설득력 있는 역할을 할 수 있으리라 보았다(이기호, 2010).

동아시아 시민은 국가권력으로부터 자율성을 가지며 동아시아 공동의 보편적 가지와 질서를 위해 연대, 협력할 수 있으며, 동아시아 사회의 구조적 변화를 추동하는 책임 있는 주체가 될 수 있다. 배타적 국가 주권이 강하게 작용하고 있는 동아시아 지역에서, 동아시아인이라는 지역정체성의 축조와, 동아시아 시민으로서 사회 참여, 연대와 협력의 모색은 미래지향적이고 평화로운 지역 질서에 기여할 수 있을 것이다. 동아시아 시민성이 강화될수록 동아시아 사회는 대화와 협력, 공존과 평화의 가능성이 높아질 수 있으리라 기대할 수 있다.

5. 동아시아 시민교육의 과제

동아시아 시민성 교육은 동아시아 구성원들이 동아시아 공동체의 일원으로서 지역정체성을 가지고 동아시아 공동의 가치, 규범, 비전을 공유하고, 동아시아 사회의 평화로운 공존과 협력을 모색하는 시민적 자질을 기르기 위한 것이라 할 수 있다. 동아시아적 차원의 시민성 교육은 내가 속한 지역, 사회, 국가의 구성원이면서, 동아시아 지역의 문제, 동아시아 평화와 협력에 관심을 기울이는 동아시아 시민, 더 나아가 보편적 가치와 원리를 실천하는 세계시민을 육성하기 위한 다층적 시민교육의 시도로 볼 수 있을 것이다.

(1) 동아시아 정체성의 형성

동아시아의 경우 역사상 전쟁이 끊이지 않았으며 끝나지 않았다. 신냉전, 군비경쟁, 영토갈등 등 여전히 동아시아 평화를 위협하는 갈등이 분출하고 있다. 동아시아는 평화보다 전쟁에 더욱 익숙한 지역이며, 월남전 이후 비교적 오랜 평화를 유지하고 있는 것은 안정된 평화가 아니라 언제라도 군사적 갈등으로 폭발할 수 있는 불안정한 평화이다. 동아시아의 안보지형은 다분히 불안 요인을 내포한다. 이러한 불안 요인을 효과적으로 관리하기 위해서는 동아시아의 적극적 평화체제 구축이 필요하다고 할 수 있다(강정인, 2006).

동아시아 평화공동체를 모색함에 있어서 대부분의 논의는 국가 정책적 차원에서 이루어진다. 국가 간 격차가 존재하고 국가의 이해관계가 상충하는 문제에 있어서 국가주도형 지역 공동체의 모색은 한계가 있을 수밖에 없다. 영토 내의 합법적 폭력의 독점 소유 주체인 국가는 평화 유지자는 될 수 있어도, 궁극적으로 평화의 창조와 건설은 시민사회의 과제일 수밖에 없다(박명림, 2003). 결국 동아시아 평화 구축에 있어서 사회를 구성하는 시민들의 역할을 간과할 수 없다. 동아시아 시민들의 동아시아 지역 인식, 그리고 지역정체성과 유대감 형성의 문제가 제기된다.

그렇다면 동아시아는 왜 유독 지역 인식이 미약하며, 국민들 간의 상호 적대감이 강하게 표출되는 것일까? 상대적으로 동등한 세력의 여러 나라가 경쟁하며 존립해온 유럽과 달리, 동아시아는 패권적 지위를 가진 제국이 군림해온 역사를 가지고 있다.

중화사상, 조공체계를 중심으로 하는 중국 중심의 동아시아 질서, 근대 이후 이웃 나라에 대한 폭압적 제국주의로 변질되었던 일본 중심의 동아시아 질서, 종전 이후 냉전체제하에서 미국, 또는 소련에 편입되어 근대화된 동아시아는 유독 국가 간 비대칭이 심하고 수직적 질서가 지배적인 구조였다. 백영서는 동아시아에서 초월적 지위를 지닌 제국의 존재를 상대화, 탈중심화하는 것을 지역 내 평화와 번영을 위한 핵심 과제로 제시하였다(백영서, 2000).

동아시아는 국가를 넘어서는 폭넓은 지역 구상의 경험이 부족하다고 할 수 있다. 강대국에 의한 지역 패권 통치의 역사는 동아시아 지역에서 집단적 피해와 기억, 상호 의심과 적대의 감정을 발생시켰고, 일방의 통합 주도는 패권의 재추구로 인식되어 불신과 경쟁을 불러일으켜 왔다(박명림, 2005:

36-37). 동아시아 지역의 역사적 상처와 상호 불신을 극복하고 평화의 공동체로 거듭나기 위해서는, 특정 국가가 지역공동체의 패권 국가로 부상하는 것을 경계하고, 다중심의 수평적 지역 질서를 원칙으로 하는 지역 인식이 필요할 것이다.

동아시아라는 지역적 경험의 빈곤을 극복하고 공동의 정체성을 형성하기 위해서는 지역 구성원이 동아시아 공동의 가치와 규범, 비전을 공유해야 할 것이다. 동아시아 공동의 가치는 보편적 차원의 인간 존엄성, 민주주의와 평화, 자유와 평등과 같은 민주시민성이 타당할 것이다.

또한 동아시아 평화공동체의 비전은, 예를 들면, 화해와 협력을 통한 신뢰 구축에서부터 동아시아 차원에서 분쟁의 규제, 군비 통제, 군축, 공동방위조약, 안보공동체, 평화공동체에 이르기까지 단계적으로 제시될 수 있을 것이다. 이러한 공동의 가치, 비전은 원칙적으로 다른 지역에 대해 배타적으로 작용하지 않아야 하며, 동아시아 지역의 평화에 기여함과 동시에 불안 요소를 제거함으로써 동아시아 시민들에게 있어 삶의 질을 향상하는 데 목적을 두어야 할 것이다. 동아시아 공동의 가치, 규범, 비전에 대한 이해와 공유, 존중의 노력이 수반되어야 할 것이다.

이를 위해서 일국적 시민성 교육의 틀을 동아시아적 차원의 논의로 확장할 필요가 있다. 학습자는 동아시아 사회의 구성원으로 스스로를 자각하는 정체성의 확장을 통해, 과거에 적대감을 가졌던 사람들이 가치와 비전을 공유하는 이웃, 동료, 공동체가 되는 역동적인 변화를 겪을 수 있을 것이다. 동아시아 사회의 구성원으로서 동아시아 지역을 한 단위로서 인식하고, 보다 균형 잡힌 시각으로, 보편적 가치와 민주적 절차, 대화와 소통, 배려와 협력을 통해 동아시아의 평화 질서를 위협하는 각종 분쟁을 해결하는 데 기여하는 동아시아의 시민으로 성장할 수 있을 것이다.

동아시아를 수평적인 공동체로 인식하기 위한 교육, 동아시아 공동의 정체성과 연대감을 형성하기 위한 교육, 보편적 가치와 평화의 비전을 공유하기 위한 교육적 노력, 우리는 이것을 '동아시아 시민성 교육'이라 칭할 수 있을 것이다. 일국적 시민성 교육이 국익의 관점에서 서로에게 배타적으로 이뤄질 수 있다는 점을 경계하고, 세계 시민성 교육이 다소 추상적인 수준에서 진행될 수 있다는 점을 보완하여, 동아시아 시민성 교육은 동아시아 평화의 구체화에 다가가는 의미 있는 시도가 될 수 있을 것이다.

(2) 동아시아 문제에 대한 책임과 참여

한국의 민주주의를 바라볼 때, 민주적인 선거 경쟁의 규칙이 자리 잡고 평화적인 정권 교체가 이루어지는 등 기초적인 민주주의 절차와 제도의 정착은 일정 수준 발전했다고 평가할 수 있다. 하지만, 광범위한 정치 참여, 특히 사회적 약자,

소외 세력이 얼마나 정치에 참여하고 그들의 요구가 대표되고 있는가에 대한 '절차적 수준에서 이루어지는 정치 참여의 평등'의 구현은, 그리고 그들의 사회경제적인 삶의 질이 얼마나 향상되었는가의 문제는 여전히 남아 있다고 할 수 있다(최장집, 2011: 175-176).

글로벌화, 신자유주의화로 인한 빈부격차의 확대, 계층별, 세대별 불평등을 둘러싼 갈등의 심화 등 구조적 폭력은 확대되고 있으며, 국가적 수준에서 보장받던 인간의 기본적 필요들, 인권, 노동권, 정의, 복지 등은 오히려 퇴보하고 시민적 가치는 훼손되고 있다.

진정한 평화는 전쟁과 같은 물리적 폭력이 부재한 상태만을 의미하는 것이 아니라 구조적 폭력까지 제거된 상태라고 볼 때, 절차적 수준에서 이루어지는 정치 참여의 평등 없이 평화는 불가능하다. 시민의 인간 존엄성 보장, 기본적 필요의 충족, 사회적 약자의 정치 참여의 평등 보장, 삶의 질 향상은 동아시아 문제 해결의 전제이자 지향점이 되어야 한다.

인권과 평화, 민주주의 등 보편적 가치와 관련한 이슈는 우리 사회의 문제이자 동아시아 사회의 문제이다. 오늘날 우리가 마주하는 문제들, 예컨대 저출산 고령화, 세대 갈등, 빈부격차, 자살률과 실업률의 증가, 비정규직의 확대, 외국인 노동자의 차별, 무분별한 개발로 인한 자연 훼손 등은 동아시아 공동의 문제로 보편적 원리로 접근할 때 해결할 수 있다. 민주주의 헌정체제의 기본 논리로서 인간 존엄성과 삶의 질 보장, 이를 추구할 수 있는 권리는 일국적 수준을 넘어 지역적 수준에서, 세계적 수준에서 구현되어야 할 정당성이 있으며, 동아시아 지역적 수준의 접근은 이러한 과제를 보다 보편적이고 평화적인 방법으로 해결할 수 있는 구체적인 가능성을 열어준다.

동아시이 시민사회의 연대는 급속한 글로벌화로 인한 자본주의의 확장, 그로 인한 각종 문제들을 극복할 단서를 제공할 수 있다. 백영서는 전 지구적 자본의 획일화 논리에 저항하는 커다란 과제를 실현할 거점의 확보로서 동아시아를 기대했다(백영서, 2000: 66). 조희연과 박은홍은 경제정책에 의한 사회정책의 희생이 아닌, 사회적 관심에 의한 경제정책의 조정, 생태적 지속 가능성 등 시민사회의 목표를 실현하기 위한 이념형으로 '사회적 아시아', '아래로부터의 아시아'를 제시하였다(조희연, 박은홍, 2007: 295-296).

일국 수준에서 국가 주권이라는 명분 아래 행해지는, 혹은 국가의 영역에서 벗어나 나타나는, 비인간적·반인권적·폭력적·차별적 행위에 대해, 동아시아 시민사회가 연대하고 협력한다면, 국가와 시장에 강한 영향력을 미칠 수 있으며, 민주적 원리에 입각해 평화적 방법으로 문제를 해결해나가는 데 기여할 수 있을 것이다.

제2차 세계대전 이후 신생독립국으로 출발한 동아시아 국가들은 강력한 권위주의 체제를 바탕으로 국가의 경제발전을 최우선 과제로 삼아왔다. 다른 공동체보다 국가가 우선시되었으며 국가와의 강력한 감정적 동질화가 요구되었다. 이러한 특징은 교육에 국가정체성을 강조하는 자국 중심적 경향으로 뚜렷하게 나타났고, 국익이 충돌하는 동아시아 지역을 한 단위체로서 사고할 수 있는 기회는 극히 제한적일 수밖에 없었다.

동아시아 시민들은 반공주의, 전쟁의 정당화를 통해 폭력의 제도화를 경험했으며, 집단안보와 경제성장이라는 이데올로기를 빌미로 자행된 국가권력에 의한 폭력의 일상화를 겪었다. 독재와 권위주의적 정치지도자로 대표되는 아시아적 정치모형의 특수성으로 인해 민주주의의 일상화로부터 이 지역 민중들의 삶은 매우 멀리 있다.

경제지상주의는 소수의 경제 엘리트와 다수 민중을 분리하고, 시민의 자발적 참여에 의한 민주주의 정당구조가 발전되지 못하였다. 시민들의 인권이나 복지, 시민사회의 윤리의식은 낮은 편이라 할 수 있다. 이는 해외 노동자의 착취나 타민족에 대한 배타성, 환경문제에 대한 생태학적 관심의 결여 등으로 표출되며 폭력화의 사회적 수준이 높다고 할 수 있다(강순원, 2000).

동아시아 사회에서 존재하는 모든 갈등은 폭력의 전제조건이 될 수 있다는 점에서 기존의 발전국가 패러다임, 신자유주의 패러다임을 대신할 대안적인 구조 틀이 필요하다고 할 수 있겠다.[41] '동아시아 시민성 교육'은 그러한 대안적인 성찰의 틀을 제공할 수 있을 것이다. 첫째, 국가이익의 관점이 아닌, 시민적 관점에 입각하여 동아시아의 문제를 비판적 안목으로 조망할 수 있다. 둘째, 참여적 가치를 중시하는 시민교육을 통해 시민사회의 대화와 소통, 연대와 협력의 과정을 습득하고, 동아시아 문제를 해결해나가는 데 기여하는 시민으로 성장해나갈 수 있다.

동아시아 시민성 교육은 사회 불평등과 같은 구조적 폭력의 근본 원인을 인식하고 문제 제기를 할 수 있는 힘을 길러주는 교육이 되어야 한다. 주변화되고 소외된 이들, 빈곤 계층, 약자의 편에서 타인의 고통을 공감하고, 동아시아 사회정의의 실현을 위해 시민의 비판적 역량을 강화하는 교육이라 할 수 있겠다. 인권, 평화, 자유, 정의 등 인간의 존엄성과 삶의 질 보장을 추구할 수 있는 보편 가치가 구현될 수 있는 교육을 지향해야 할 것이다.

또한 동아시아 시민성 교육은 동아시아 문제에 대한 관심, 능동적 참여, 상호 존중과 연대, 문제 해결력, 민주적 책임성 등 참여적 시민성을 바탕으로 동아시아 사회문제에 접근할 수 있는 시민을 육성하기 위한 교육이라 할 수 있다. 앞서

---

41) 이기호는 동아시아 시민사회의 지역 구상의 원칙으로서 국가 패러다임에서 시민사회 패러다임으로 전환할 것을 주장하며 이러한 과정을 통해 국가 패러다임이 과거의 민족국가 틀에서 시민국가의 틀, 혹은 평화국가의 틀로 존재 방식을 전환해야 한다고 보았다(이기호, 2010: 204-207).

언급했듯이 공동체적 가치가 쇠퇴하고 정치에 대한 무관심과 이기주의가 팽배한 오늘날, 동아시아 시민성 교육은 시민사회의 연대와 협력 가능성을 높이고, 동아시아 시민사회의 역량을 성숙하게 하며, 국가와 시장의 논리를 비판, 보완하여 동아시아 사회정의의 실현을 가능하게 해줄 것이다.

동아시아의 20세기는 전쟁의 세기라고 할 만큼 동아시아는 전쟁의 경험, 전쟁의 기억, 전쟁의 위협에서 자유롭지 못해왔다. 청일전쟁, 러일전쟁에 이어 제2차 세계대전, 한국전쟁, 베트남전쟁을 거치며, 민중들은 일상성의 완전한 파괴를 겪었다. 강제동원을 통한 인적·물적 자원의 수탈, 민간인 학살, 곤궁과 기아 등 동아시아 민중은 전쟁과 폭력으로 계속되는 고통과 좌절을 겪어왔다. 문제는 이러한 전쟁의 비극이 비단 과거의 문제가 아니라 동아시아의 현재와 미래에도 이어진다는 점이다. 글로벌화, 탈냉전의 새로운 질서에서도 동아시아는 중국의 부상과 일본의 보수화, 북핵문제, 역내 군비경쟁의 심화 등 평화를 위협하는 긴장과 갈등이 증폭되고 있는 것이 주지의 사실이다.

이러한 현실에서 동아시아 평화체제의 구축은 동아시아의 큰 과제라고 할 수 있다. 동아시아 평화공동체를 구축하는 일은 동아시아 시민성을 구성하는 일과 동시에 논의되어야 할 것이다. 공동체의 구성원이 평화 지향적인 민주시민이 될 때, 그 공동체는 진정한 의미에서 평화체제로 거듭날 수 있을 것이다. 지금까지 논의한 동아시아 시민성의 의미와 시민성 교육의 과제, 우리에게 주는 교육적 함의를 포괄적으로 정리해보면 다음과 같다.

첫째, 동아시아 지역은 상호 신뢰와 유대, 단위로서 지역 인식이 유독 약한 지역이다. 동아시아 정체성이 발현되지 못해온 배경으로 해결되지 않은 역사적 상처, 잔존하는 냉전의 국제질서, 국가 간 비대칭성, 이해관계의 충돌, 민족주의가 강한 경향 등이 있다. 동아시아는 공동의 지역 인식, 지역정체성을 형성하기에 어려운 조건을 가지고 있다. 동아시아 시민성의 모색은 이러한 조건을 극복하고 동아시아 정체성을 축조하여 평화의 공동체로 나아가기 위한 접근이라 할 수 있다.

둘째, 동아시아 시민성은 정체성의 측면에서 규정될 수 있다. 정체성으로서 동아시아 시민성은 지역공동체를 위해 선행될 조건이자 추동하는 힘이라 할 수 있다. 동아시아 시민성은 위로부터 일방적으로 수용하는 것이 아닌 동아시아 시민들이 소통과 연대, 협력을 통한 상호 주관성에 기반하여 형성해나가는 미래지향적인 공통된 인식, 가치, 규범, 비전이라 할 수 있다.

셋째, 동아시아 시민성은 사회 참여의 맥락에서 논의될 수 있을 것이다. 전통적인 대의적 민주주의에서 전 지구적 차원의 참여 민주주의가 확산되며, 국가로부터 비국가 행위자들로의 권력의 이동이 일어나고 있는 오늘날, 동아시아 시민성은 동아시아 사회의 내부적 변화의 추동력이 될 수 있다. 사회 참여로서 동아시아 시민성은 자율성, 공공성, 책임성을 가지고 동아시아 시민사회의 초국가적 연대를 모색하고 동아시아 사회문제의 해결에 기여하는 태도라고 할 수 있겠다.

넷째, 동아시아 시민성 교육은 동아시아 공동체의 구성원으로서 정체성을 가지고, 동아시아 평화공동체의 비전을 공유하며, 보편적 가치를 토대로 동아시아 문제 해결에 참여할 수 있는 시민적 자질을 기르기 위한 것이라 할 수 있다. 동아시아 시민성의 축조를 통해 우리는 자신이 속한 문화공동체 및 민족국가의 국민이면서 동시에 동아시아 지역의 평화에 관심을 기울이는 시민, 나아가 보편적 가치와 원리를 실천하는 세계시민으로 성장할 수 있으리라 기대할 수 있다.

마지막으로 동아시아 시민성 교육을 위한 다차원적 노력이 요구된다. 동아시아 시민성의 개념이 아직 생소한 만큼, 동아시아 시민성에 대한 논의가 확장, 심화될 필요가 있으며, 동아시아 시민성 교육에 대한 구체화 방안이 모색되어야 할 것이다. 동아시아 지역 국가들의 교육 협력이 무엇보다 절실하며, 공교육의 교과 영역, 그리고 교과 외 영역에서 국가의 틀을 넘어서는 시민성 교육에 대한 연구와 실천이 이어져야 할 것이다.

동아시아 평화공동체와 시민성 계발을 위한 학교와 지역사회의 연대, 동아시아 지역 인식, 평화의 감수성을 가진 교사 양성을 위한 노력, 학교 관리와 리더십, 교육체제에 있어서 동아시아적 협력모델 개발하기 등 다양한 차원의 교육적 노력이 이루어져야 할 것이다.

1장

강선주(2002). 「세계화 시대 세계사 교육: 상호관련성을 중심으로 한 세계사 내용 구성」. 『역사교육』. 제82권.

강성호(2014). 「세계사로 본 이슬람사와 반서구중심주의: 마셜 호지슨을 중심으로」. 『역사와 담론』. 제79집.

강인철(2000). 「전쟁의 기억, 기억의 전쟁」. 『창작과 비평』. 제108권.

김영명(2000). 『동아시아의 문화와 정치체제. 발견으로서 동아시아』. 서울: 문학과 지성사.

김원수(2002). 「글로벌 히스토리란 무엇인가」. 『사회과교육』. 제41권.

김원수(2007). 「글로벌 히스토리(Global History)와 역사들의 지평을 넘어서」. 『서양사론』. 제92권.

나종석 외(2009). 「동아시아공동체의 정체성 형성의 문제」. 『동아시아공동체 논의의 현황과 전망』. 서울: 동북아역사재단.

데이비드 크리스천(2010). 「새로운 상상의 공동체: 종족사에서 인류사로」. 조지형 외 역. 『지구사의 도전: 어떻게 유럽중심주의를 넘어설 것인가』. 파주: 서해문집.

데이비드 헬드(2002). 『전 지구적 변환』. 서울: 창작과 비평사.

디페시 차크라바르티(2010). 「역사의 기후: 네 가지 테제」. 조지형 외. 『지구사의 도전』. 파주: 서해문집.

리디아 류(2022). 『세계질서와 문명등급: 글로벌 히스토리의 시각에서 본 근대 세계』. 파주: 교유서가.

마셜 호지슨(2006). 『마셜 호지슨의 세계사론: 유럽, 이슬람, 세계사 다시 보기』. 파주: 사계절.

박명림(2004). 「역사인식의 공유는 가능한가」. 『인문과학』. 제86권.

배한극(2003). 「글로벌 히스토리와 글로벌교육」. 『서양사학연구』. 제8

권.

송기호(2007). 『동아시아의 역사분쟁』. 서울: 솔출판사.

아리프 딜릭(2010). 「탈중심화기: 세계들과 역사들」. 조지형 외 역. 『지구사의 도전: 어떻게 유럽중심주의를 넘어설 것인가』. 파주: 서해문집.

알프레드 챈들러, 브루스 매즐리쉬(2006). 『자이언츠: 다국적기업과 글로벌 히스토리』. 서울: 베리타스북스.

앤더슨(2018). 『상상된 공동체: 민족주의의 기원과 보급에 대한 고찰』. 서울: 길.

월터 미뇰로(2018). 『서구 근대성의 어두운 이면: 전 지구적 미래들과 탈식민적 선택들』. 서울: 현암사.

윌리엄 맥닐(2007). 『세계의 역사 1』. 서울: 이산.

이리에 아키라(2016). 『20세기의 전쟁과 평화』. 고양: 연암서가.

이리에 아키라(2018). 『하버드 C.H. 베크 세계사: 1945 이후 서로 의존하는 세계』. 서울: 민음사.

이영효(2006). 「글로벌 시대의 역사인식과 세계사」. 『역사교육』. 제100권.

이화준 · 고희탁(2011). 「난징대학살 문제를 둘러싼 기억의 정치와 국제정치학적 딜레마」. 『일본연구』. 15권 0호.

임마누엘 월러스틴(2008). 『유럽적 보편주의: 권력의 레토릭』. 서울: 창비.

임지현(2004). 『국사의 신화를 넘어서』. 서울: 휴머니스트.

정선영(2003). 「지구적 시각에 기초한 세계사 교육에의 접근 방안」. 『역사교육』. 제85권.

제리 벤틀리(2006). 『고대 세계의 만남: 교류사로 읽는 문명 이야기』. 서울: 학고재.

제리 벤틀리(2010). 「다양한 유럽중심의 역사와 해결책들」. 조지형 외 역. 『지구사의 도전: 어떻게 유럽중심주의를 넘어설 것인가』. 파주: 서해문집.

조지형(2002). 「새로운 세계사와 지구사: 포스트모던 시대의 성찰적 역사」. 『역사학보』. 제173권.

조지형(2007). 「지구사란 무엇인가」. 『서양사론』. 제92권.

차하순(2007). 「새로운 시대의 새로운 세계사」. 『서양사론』. 제92권.

페르낭 브로델(2017). 『지중해: 펠리페 2세 시대의 지중해 세계. 2. 집단적 운명과 전체적 움직임』. 서울: 까치.

한운석(2015). 「유럽통합을 위한 역사교육」. 『동북아역사논총』. 47.

2장

Becker. J.M. & Lee Anderson(1998). Global Perspectives in the Social Studies. Journal of Research and Development in Education, 13(2).

Hanvey. R.G.(1978). An Attainable Global perspective. New York: Center for Global perspectives.

Lee(1979). Schooling and Citizenship in a Global Age. Bloomington: Indiana University.

Lyons. T.(1992). Education for a global perspective. Orbit, 23(1).

Muessig. R.(1978). Perspectives of Global Education. Columbus: Ohio State University.

Pike. G.(1996). Perceptions of Global Education in Canada. Orbit, 28(2).

Selby. D.(2000). Global Education as Transformative Education. Zeitschrift for Internationale Bildungforschung und Entwicklung spadagogik, 23(2).

TSUJIMURA(2005). New Course of Study from the viewpoint of Global Education. Japan Association of Global Education, 7(1).

ジェ-ムズ.A.バンクス, 平澤安政 譯(2006). 『民主主義と多文化教育: グローバル化時代における市民性教育のための原則と概念』. 東京: 明石書店.

多田孝志(2002). 「일본국제이해교육의 현황과 과제」. 『국제이해교육』. 9.

3장

가타기리 요시오 외, 이건상 역(2011). 『일본 교육의 역사: 사회사적 시각에서』. 서울: 논형.

고전(2014). 『일본교육개혁론: 21세기 교육개혁의 해설과 비판』. 서울: 박영stroy.

고토 야스시외, 이남희 역(2006). 『천황의 나라 일본: 일본의 역사와 천황제』. 예문서원.

김양희·김채수·호사카유지·홍현길(2007). 『일본 우익사상의 기저 연구』. 서울: 보고.

김천기(2008). 『교육의 사회학적 이해』. 서울: 학지사.

나병현(2002). 「공교육의 의미와 교육의 공공성 문제」. 『한국교육』. 29(2).

다나카히로시 위, 이규수 역(2000). 『기억과 망각』. 서울: 삼인.

마루야마 마사오, 김석근 역(2011). 『전중과 전후 사이 1936-1957: 마루야마 마사오, 정치학의 기원과 사유의 근원을 읽는다』. 서울: 휴머니스트 출판그룹.

마쓰모토 겐이치, 요시카와 나기 역(2009). 『일본 우익사상의 기원과 종언』. 서울: 문학과지성사.

박진우(2015). 「일본의 패전과 천황의 전쟁 책임」. 『동북아역사논총』. 50.

쓰루미 슌스케, 최영호 역(2005). 『전향』. 서울: 논형.

쓰지모토 마사시 외, 이기원·오성철 역(2011). 『일본교육의 사회사』. 서울: 경인문화사.

안경수(2011). 「일본 교육기본법에 내재해 있는 교육적 의미의 분석: 1947 교육기본법과 2006 교육기본법의 비교를 중심으로」. 『한국일본교육학연구』. 16(1).

야마자키 마사토, 노길호 역(1993). 『일본의 자민당과 교육정책』. 서울: 구월.

윤종혁(2008). 『한국과 일본의 학제변천과정 비교 연구』. 파주: 한국학술정보.

이경호(2007). 「일본의 민주시민교육」. 『한국민주시민교육학회보』. 12(1).

이권희(2015a). 「학제의 교육이념에 관한 고찰」. 『동국대학교 일본학』. 41(0).

이권희(2015b). 「근대 천황상 확립과 '황도주의'교육에 관한 고찰」. 『일본학연구』. 46.

이돈희(1993).『교육적 경험의 이해』. 서울: 교육과학사.

이명실(2013).「메이지 전기 일본의 국가주의 교육사상에 관한 고찰」.『한국교육사학회』. 35(1).

이시카와 마쓰미, 박정진 역(2006).『일본 전후정치사: 일본 민주주의의 보수적 기원과 전개』. 서울: 후마니타스.

장달중 외(2002).『세계화와 일본의 구조전환』. 서울: 서울대학교출판부.

전득주 외(1999).『정치문화와 민주시민교육』. 서울: 유풍.

존 다우어, 최은석 역(2009).『패배를 껴안고』. 서울: 민음사.

한기철(2015).「국가교육의 의미에 대한 사상사적 탐색과 국가주의 교육 담론에 대한 비판적 논의」.『교육철학연구』. 37(2).

한용진(2010).『근대 이후 일본의 교육』. 서울: 문.

해리 하루투니언, 정기인·이경희 역(2011).『'착한 일본인'의 탄생: 전후 일본의 민주주의 교육과 국민형성』. 서울: 제이앤씨.

호리오 데루히사, 심성보·윤종혁 역(1997).『일본의 교육』. 소화.

후지타 쇼조, 김석근 역(2009).『천황제 국가의 지배원리』. 서울: 논형.

家永三郎(2006). 연구공간 '수유+너머' 일본근대사상팀 역.『근대일본사상사』. 서울: 소명출판.

高橋哲哉·俵義文·石山久男·村田智子(2005). 『とめよう!戦争への教育: 教育基本法「改正」と教科書問題』. 学習の友社.

堀尾輝久, 심성보·윤종혁 역(1997).『일본의 교육』. 소화.

藤田省三, 김석근 역(2009).『천황제 국가의 지배원리』. 서울: 논형.

山崎政人, 노길호 역(1993).『일본의 자민당과 교육정책』. 서울: 구월.

辻本雅史 외, 이기원·오성철 역(2011).『일본교육의 사회사』. 서울: 경인문화사.

伊ケ崎暁生·松島栄一(1997).『日本教育史年表』. 東京: 三省堂.

田中宏 외, 이규수 역(2000).『기억과 망각』. 시울: 삼인.

片桐芳雄 외, 이건상 역(2011).『일본 교육의 역사: 사회사적 시각에서』. 서울: 논형.

後藤靖 외, 이남희 역(2006).『천황의 나라 일본: 일본의 역사와 천황제』. 예문서원.

Almond, Gabriel A. and Sidney Verba(1965). The Civic Culture. Boston: Little, Brown & Co Inc.

Dower, John. W., 최은석 역(2009). 『패배를 껴안고』. 서울: 민음사.

Heater, Derek Benjamin., 김해성 역(2007). 『시민교육의 역사』. 파주: 한울.

Pyle, Kenneth B., 박영신 역(1980). 『근대 일본의 사회사』. 서울: 현상과인식.

4장

강순원(2000). 『평화·인권 교육』. 파주: 한울.

강순원(2005). 『아래로부터의 한일평화교육』. 서울: 커뮤니티.

강순원(2009). 「다문화교육의 세계적 동향을 통해서 본 국제이해교육과의 상보성 연구」. 『국제이해교육연구』. 4(1).

김선욱 외(2008). 『다문화 사회와 국제이해교육』. 아태국제이해교육원 편찬. 파주: 동녘.

김용신(2009). 『다문화교육론 서설』. 파주: 한국학술정보.

김원수(2007). 「글로벌 히스토리와 역사들의 지평을 넘어서」. 『서양사론』. 서양사학회. 92.

김지은(2006). 「글로벌화 시대의 교육 과제: 일본 교육의 비판적 검토를 통한 제안」. 『비교교육연구』. 16(1).

김현덕(2007). 「다문화교육과 국제이해교육의 비교연구」. 『비교교육연구』. 17(2)

남경희(1999). 「일본의 교육개혁 보고서상의 '살아가는 힘'」. 『사회과교육학연구』. 3.

배미애(2004). 「세계교육과 다문화교육의 연계 및 지리교과에서의 의의」. 『교과교육학연구』. 8(1).

서태열(2004). 「세계화, 국가정체성 그리고 지역정체성과 사회과교육」. 『한국사회과교육연구』. 43(4).

신현국(1995). 「세계교육(Global education)에 대한 이론적 고찰」. 『비교교육연구』. 5(1).

이명희(2001). 「일본의 사회과 교육과정」. 『사회과교육학연구』. 40.

이삼열 외(2006). 『세계화 시대의 국제이해교육』. 파주: 한울.

전호윤(2004). 「지구시민 육성을 위한 글로벌 문제의 수업구성 연구: Betty A. Reardon의 인권교육을 중심으로」. 『한국사회과교육연

구』. 43(2)

정영근(2000). 「학교교육과정의 새 영역으로서의 일본의 '종합적 학습
　　시간'에 관한 분석」. 『한국일본교육학연구』. 4(1).

조지형 외(2008). 『지구화 시대의 새로운 세계사』. 서울: 혜안.

하윤수(2002). 「일본 사회과 교육과정의 연구 동향과 과제」. 『초등사회
　　과교육』. 14.

한국해외원조단체협의회(2009). 『담장 너머 지구촌 보기』. 서울: 한국
　　해외원조단체협의회.

허영식(2000). 「간문화 학습의 이론적 기초와 학습과정」. 『사회과교육』.
　　4(1).

홍현길 외(1998). 『일본 교육의 이해』. 서울: 시사일본어사.

木材博一(2006). 『グローバル化をめぐる論点・爭点と授業づくり』. 東京:
　　明治圖書.

文部科學省(2008). 『小學校學習指導要領解說』 社會編.

文部省(2002). 『國際理解教育指導事例集』 小學校編.

北俊夫・片上宗二(2008). 『新學習指導要領の展開』. 東京: 明治圖書.

小原友行(2006). 『論爭問題を取りげた國際理解學習の開發』. 東京: 明治
　　圖書.

魚住忠久(2003). 『グローバル教育の新地平:「グローバル社會」から「グロ
　　ーバル市民社會」へ』. 愛知: 黎明書房.

宇田川晴義(2005). 『国際人教育とカリキュラム』. 東洋大學.

有田和正(2008). 『世界に關する學習の取り扱い』. 東京: 明治圖書.

日本國際理解教育學會(2010). 『グローバル時代の国際理解教育』. 東京:
　　名石書店.

朝倉征夫(2003). 『多文化教育の研究: ひと, ことば, つながり』. 東京: 學
　　文社.

中村哲(2004). 『グローバル教育としての社会科カリキュラムと授業構
　　成』. 東京: 風間書房.

浅野誠, David Selby(2002). 『グローバル教育からの提案』. 東京: 日本評
　　論社.

平原春好(2007). 『社會科教育のあゆみ』. 日本圖書センタ-.

ASANUMA(2005). What is Global Standard of student competency?:
　　The Global Perspective for Authentic Evaluation. Japan

Association of Global Education, 7(2).

John Baylis 외, 하영선 외 역(2005). 『세계정치론』. 서울: 을유문화사.

Liyama Takeshi(2000). 「21세기를 준비하는 일본의 교육 개혁: 중앙교육
심의회 제2차 답신을 중심으로」. 『한국일본교육학연구』. 4(1).

Nel Noddings 외, 연세기독교교육학포럼 역(2009). 『세계 시민의식과
글로벌교육』. 서울: 학이당.

5장

강대현(2006). 『한국 시민사회와 시민교육: 한국 시민사회의 성장 과정
에 대한 분석과 시민교육적 함의』. 파주: 한국학술정보.

강순원(2000). 『평화 인권 교육』. 서울: 한울.

강정인(2002). 『민주주의의 한국적 수용: 한국의 민주화, 민주주의의 한
국화』. 서울: 책세상.

국민호(2007). 「동아시아 발전과 아시아적 가치: 한국의 사례를 중심으
로」. 『동양사회사상』. 15.

김광억(2005). 「문화공동체로서의 동아시아의 필요성과 가능성」. 최영
종 외. 『동아시아공동체: 비전과 전망』. 서울: 한양대학교출판
부.

김동춘(2013). 「시민권과 시민성: 국가, 민족, 가족을 넘어」. 『서강인문
논총』. 37.

김석근(2006). 「유교자본주의? 짧은 유행과 긴 여운 그리고 남은 과제」.
『오늘의동양사상』. 14.

김성국(1992). 「한국자본주의의 발전과 시민사회의 성격」. 한국사회학
회·한국정치학회 편. 『한국의 국가와 시민사회』. 서울: 한울.

김영명(2007). 「동아시아 민주주의의 탐색: 문화론적 접근의 문제점」.
『한림일본학』. 2(0).

김용신(2013). 『글로벌 시민교육론』. 파주: 한국학술정보.

김유은(2004). 「동북아안보공동체를 위한 시론: 구성주의적 시각을 중
심으로」. 『국제정치논총』. 44(4).

김윤철(2013). 「시민의 덕목과 가치: 근대적 덕목과 가치」. 이동수 편.
『시민은 누구인가』. 고양: 인간사랑.

김의영(2005). 「시민사회와 글로벌 거버넌스」. 『국제정치논총』. 45(2).

김일곤(1985). 『유교문화권의 질서와 경제』. 서울: 한국경제신문사.
리콴유(1999). 「문화는 숙명이다」. 이승환 외. 『아시아적 가치』. 고양: 전통과 현대.
문우식(2005). 「동아시아 역내통화금융협력의 추진현황과 과제」. 최영종 외. 『동아시아공동체: 비전과 전망』. 서울: 한양대학교출판부.
문정인(2006). 『동아시아의 전쟁과 평화』. 서울: 연세대학교출판부.
민병원(2008). 「동아시아지식질서와 문화네트워크의 모색」. 김상배 외. 『지식질서와 동아시아』. 서울: 한울.
박건영(2006). 「한반도 평화체제의 건설: 한반도 평화체제 구축을 위한 동북아 다자간안보협력 전략」. 『한국과국제정치』. 22(1).
박명림(2005). 「IT시대의 동아시아 중추국가 전략: 동아시아 평화, 인권, 화해, 중추국가의 비전과 구상」. IT의 사회, 문화적 영향 연구. 2005(74).
박상수(2010). 「한국발 동아시아론의 인식론 검토」. 이정훈 편. 『동아시아, 인식지평과 실천공간』. 서울: 아연출판부.
박상현(2014). 「세계체제와 지역연구: 동아시아의 관점에서」. 『아세아연구』. 158.
박성인(2016). 「글로벌 시민성 교육」. 김용신 편. 『초등학교의 글로벌 다문화교육』. 서울: 강현출판사.
박승우(2008). 「동아시아 담론의 현황과 문제」. 동아시아 공동체연구회 엮음. 『동아시아공동체와 한국의 미래: 동북아를 넘어 동아시아로』. 서울: 이매진.
백영서(1999). 「20세기형 동아시아 문명과 국민국가를 넘어서」. 『창작과 비평』. 106.
백영서(2000). 「중국에 아시아가 있는가: 한국인의 시각」. 정문길 외. 『발견으로서의 동아시아』. 서울: 문학과지성사.
아리스토텔레스, 손명현 역(2007). 『니코마코스 윤리학, 정치학, 시학』. 서울: 동서문화사.
원용걸(2005). 「동아시아 직접투자의 추이와 향후 역내투자 협력 추진방안」. 최영종 외. 『동아시아공동체: 비전과 전망』. 서울: 한양대학교출판부.
윤상철(1997). 『1980년대 한국의 민주화 이행 과정』. 서울: 서울대학교출판부.

이경찬(2014). 「마하티르의 리더십과 아시아적 가치의 재조명」. 『동양문화연구』. 17.

이기호(2010). 「동아시아 시민사회 지역구상에 대한 고찰」. 『동향과전망』. 78.

이창재(2005). 「동아시아 경제공동체의 전망과 추진방안」. 최영종 외. 『동아시아공동체: 비전과 전망』. 서울: 한양대학교출판부.

임희섭(2001). 「한국사회 시민성 이론의 고찰」. 『한국사회』. 4(0).

장미경(2001). 「시민권 개념의 의미 확장과 변화-자유주의적 시민권 개념을 넘어서」. 『한국사회학』. 35(6).

장원순(2009). 「한국사회과 시민성 교육의 계보학」. 『한국사회교과교육학회 학술대회지』.

장인성(2005). 「한국의 동아시아론과 동아시아 정체성」. 『세계정치』. 26(2).

정종현(2002). 「동아시아 담론의 문제와 가능성: 30년대 동양 담론과의 비교를 중심으로」. 『상허학보』. 9.

조명현(1994). 「한반도의 평화와 안전을 위한 다자간 안보체제」. 『국제정치논총』. 33(2).

조성환(2014). 「동아시아공동체 형성 전략」. 『한국정치외교사논총』. 35(2).

조윤영(2005). 「안보공동체 담론과 동아시아 안보공동체 형성의 조건과 발전가능성」. 최영종 외, 『동아시아공동체: 비전과 전망』. 서울: 한양대학교출판부.

조종화(2001). 『동아시아의 통화협력 구상』. 서울: 대외경제정책연구원.

조희연·박은홍(2007). 「사회적 아시아(Social Asia)를 향하여」. 『동아시아와 한국-민주화와 민주주의의 위기를 넘어』. 서울: 선인.

최송화(2004). 『21세기 동북아 문화공동체의 구상』. 서울: 법문사.

최영종(2005). 「동아시아공동체에 대한 이론적 검토」. 『동아시아공동체: 비전과 전망』. 서울: 한양대학교출판부.

최원식(1993). 「탈냉전시대와 동아시아 시각의 모색」. 『창작과 비평』.

최장집(2004). 「동아시아 공동체의 이념적 기초: 공존과 평화를 위한 공동의 의미지평」. 『아세아연구』. 118.

최장집(2011). 『민중에서 시민으로: 한국 민주주의를 이해하는 하나의 방법』. 파주: 돌베개.

한용섭(2006). 「동아시아 평화체제의 모색」. 문정인·김명섭 외. 『동아시아의 전쟁과 평화』. 서울: 연세대학교출판부.

함재봉(1998). 『탈근대와 유교: 한국정치담론의 모색』. 서울: 나남.

허수미(2010). 「시민사회의 특성과 시민성 교육의 방향」. 『사회과교육연구』. 17(4).

Anderson, B.(1983). Imagined Communities: Reflections on the Origin and Spread of Nationalism. London: Verso.

Barber, Benjamin R.(1984). Strong Democracy. Berkley: Univ. of California Press.

Carr, E. H.(1945). Nationalism and After. London: Macmillan Company.

Dalton, Russell J.(2008). Citizenship Norms and the Expansion of Political Participation. Political studies. 56.

Delanty, G.(1997). Models of Citizenship: Defining European Identity and Citizenship. Citizenship Studies, 1(3).

Florini, Ann M. ed.(2000). The Third Force: The Rise of Transnational Civil Society. Washington D.C: Carnegie Endowment for International Peace.

Gellner, E.(1983). Nations and Nationalism. Oxford: Blackwell.

Joppke, Christian(2007). Transformation of Citizenship: Status, Rights, Identity. Political studies. 11(1).

Keck, Margaret E. and Kathryn Sikkink.(1997). Activists Beyond Borders: Advocacy Networks in International Politics. Ithaca and London: Cornell University Press.

Marshall, T. H. and Bottomore, T. B.(1992). Citizenship and Social Class. London: Pluto Press.

박성인 ――――――

1982년 경기 출생으로 대일외고, 서울교육대학교를 졸업하고 동 대학원에서
글로벌국제교육을 전공하였다. 연세대학교 일반대학원 지역학협동과정에서
「동아시아 시민성의 세계시민교육적 접근」(2020)이라는 논문으로 박사학위
를 받았다. 서울우이초등학교에서 초등교사로 재직하고 있으며, 서울교육대
학교와 동 대학원에 강사로 출강하며 현대사회와 글로벌세계, 글로벌 지정학
연구, 아시아 지역연구, 글로벌 역사와 현대사론 등을 강의하였다. '글로벌교
육연구학회'의 회원으로, 현재 글로벌 이슈와 관련한 최근의 논의들을 폭넓
게 검토하고 있으며, 연구의 주된 관심은 동아시아 협력과 평화를 위한 글로
벌교육의 방안을 모색하는 것이다.

글로벌교육과 동아시아 평화

초판인쇄   2023년 1월 5일
초판발행   2023년 1월 5일

지은이   박성인
펴낸이   채종준
펴낸곳   한국학술정보㈜
주 소   경기도 파주시 회동길 230(문발동)
전 화   031) 908-3181(대표)
팩 스   031) 908-3189
홈페이지   http://ebook.kstudy.com
E-mail   출판사업부 publish@kstudy.com
등 록   제일산-115호(2000. 6. 19)

ISBN   979-11-6983-035-5 93370